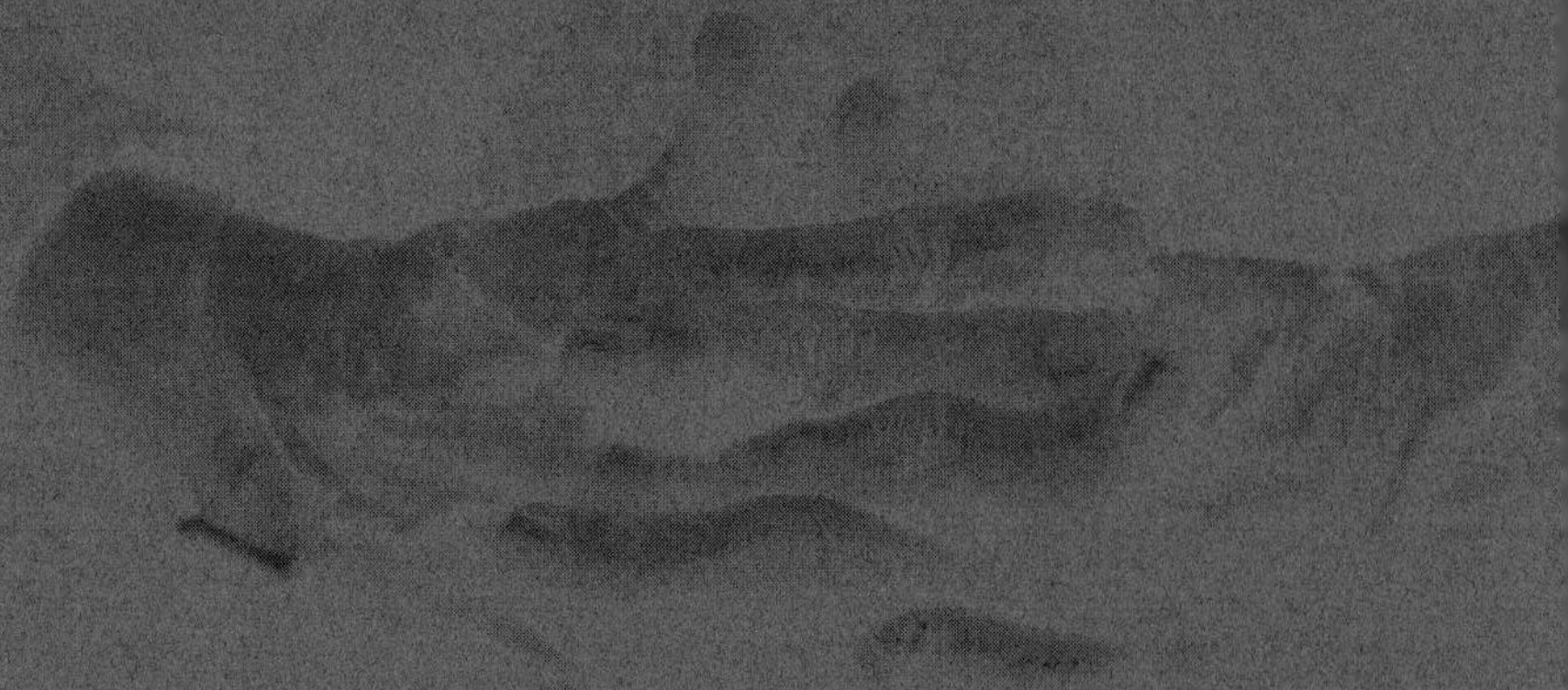

無縁老人

高齢者福祉の最前線

石井光太
Ishii Kota

潮出版社

はじめに

二〇二三年三月、総務省が驚くべき数字を発表した。二〇一八年四月から二〇二一年十月までの間に、親族などによる引き取り手のない死者の数が、一〇万五七七三人に上ったというのである。（総務省「遺留金等に関する実態調査」）

日本は血縁を大切にし、長らく先祖崇拝を行ってきた国である。それがなぜ、三年半の間に、一〇万人以上もの遺体が引き取り手のないまま葬り去られなければならなくなったのだろうか。

日本は今、先進国の中でも類を見ないほど高齢化が進んでいる。

総人口における六十五歳以上の高齢者の割合（高齢化率）は二九・一％。先進国の中で二位のイタリア（二四・五％）、同三位のフィンランド（二三・六％）を大きく引き離している。

これだけでも危機的なのに、日本の高齢化率は二〇四〇年には三五・三％になるとされている。この数値は、現在日本でもっとも高齢化率が高い高知県や山口県と同等であり、わずか二十年足らずで日本全体がそうなるということだ。

高齢化が進んでも、家族や地域コミュニティーの支えがあれば健全な生活を保てるという意見もあるかもしれない。だが、日本の高齢者は必ずしも血縁や地縁による堅固なつながりがあるわけではない。

現に、一人暮らしの高齢者（単身高齢者）の数は右肩上がりだ。二〇〇〇年には三〇三万人だったのが、二〇二〇年には六七二万人になり、二〇四〇年には八九六万人に達すると推測されている。この数を見れば、冒頭の引き取り手のない死者の数も納得できてしまうかもしれない。

今の日本で高齢者と呼ばれるのは、戦前から戦後にかけて生まれ、日本の経済成長を支えてきた人たちである。彼らが高齢になった時、日本が少子高齢化することは何十年も前から予測されていたことであり、国が取り組むべき最重要課題の一つとされてきた。しかし、それに対してどれだけのことがなされただろう。

私はノンフィクションの書き手として様々な社会事件の現場を巡り歩いてきたが、大半の高齢者問題の底には「無縁」という現象が横たわっていると感じている。

高齢者の問題で大きなものの一つが貧困だ。

日本では一六〇万もの生活保護世帯があるが、そのうち高齢者世帯の占める割合は五五％と半数以上になる。母子世帯がわずか四％であることと比べると、どれだけ多いかがわかるだろう。

ここで押さえておかなければならないのは、原則的に高齢者が生活保護を受給できるのは、きょうだい、子供、孫など親族からの支援が難しい場合に限られるということだ。逆に言えば、それだけの高齢者が親族から見捨てられ、国の税金で生かしてもらわなければならなくなっているのだ。

高齢者が貧困や孤独に陥れば、そこから様々な事件が引き起こされることになる。

日本の刑務所では受刑者全体の数は減少しているのに、全検挙者に占める高齢者の割合は過去三〇年で一〇倍以上にも上昇した。そしてそんな高齢者による犯罪の多くが、万引きや無銭飲食といった比較的軽い犯罪だ。全犯罪における万引きと窃盗が占める割合は、男性高齢者で五九・八％、女性高齢者に至っては八九・五％に上る。

また、人生に絶望して自ら命を絶つ高齢者の数も多い。厚生労働省の調べによれば、「死にたい」という希死念慮を抱いたことのある高齢者は三人に一人に及び、日本の自殺者の四割近くを占めている。動機の七割が健康問題であり、病気の進行と共に絶望が膨らみ、うつ病等を発症して死ぬことを考えるようになる。

犯罪にせよ、自殺にせよ、彼らがそれらに走る背景の一つが、他者との関係性の希薄さだ。身近に信頼できる人がいれば、何かあった時に手を差し伸べてもらったり、その人のためにがんばろうと考えられたりする。だが、そうした関係性が欠如していれば、狭い世界の中で極めて自己本位な思考に陥りがちになる。だからこそ、彼らは一度きりの人生を自ら踏みにじるような行為に及ぶのである。

考えなければならないのは、今の日本では、〃無縁高齢化〃とも呼ぶべき状況が起きているということだ。年齢を重ねるにつれて、家族や地域との関係性が弱まっていき、やがて命綱が切れてしまうように社会から切り離され、濁流の中を漂流する。

高齢者の中には、運悪くたまたまそうなった者もいれば、自らの所業によってそうなった者もいる。あるいは、病気や障害があったり、社会の不当な差別を受けたりすることで、人間関係が切れた人もいる。

そんな彼らが最後に漂着するのが、高齢者（老人）福祉と呼ばれる場所だ。そこには実に様々な人の姿がある。

介護虐待を受けた認知症の老人、家族全員を亡くした障害者、無銭飲食をくり返す者、八十歳を超えた性的マイノリティの人、余命宣告されたホームレス、人生に絶望した自殺未遂者……。

こうした高齢者たちは、残りの人生を福祉の支援を受けながら生きていく。だが、そんな人たちがどのように高齢者福祉にたどり着き、どのような末路をたどり、最後は誰に寄り添ってもらっているのかはほとんど知られていない。大半の人たちにとっては、彼らは漂流した時点でブラックボックスの中に消えてしまっているのだ。

東京都台東《たいとう》区に、ドヤ街として知られる「山谷《さんや》」の街がある。数年前、そこでホームレス支援をしている医療者に話を聞いたことがあった。彼は次のように話していた。

「ここで福祉のお世話になる高齢者は、親戚や地元と縁の切れてしまった人たちばかりです。どこにも居場所がなくなった人たちが、流れに流れてここにたどり着き、最後に福祉のセーフティーネットに引っかかる。

大部分の人たちは、彼らがそうなったのは自己責任だと考えるでしょう。しかし、一人ひとりの人生をたどれば、彼らは自分からドロップアウトしたのではなく、社会の歪《ゆが》みによって奈落へ突き落とされたことがわかります。この国の歪みとは何なのか、それに対して私たちは何をしなければならないのか。高齢者福祉の現場にいると、たえずそのことを考えさせられます」

日本の高齢化社会の最果てで生きる人々や支援者の声に耳を澄ませることは、日本の裏の顔を照らし出すことになるかもしれない。

これから、私は日本各地の高齢者福祉の最前線と呼ばれる現場へ足を運び、それをルポルタージュとして書《か》き綴《つづ》っていこうと思う。

高齢者たちはどんな経緯で社会から切り離されたのか、そこにどんな日本社会の問題があったのか、さらには世界一高齢化が進んだ国で生きるとはどういうことなのか。

本書を手に取る理由は世代によっても違うだろう。高齢の読者は自分が陥るかもしれない近未来を知ろうとするかもしれないし、若い読者は日本の未来を変えていくためのヒントを得ようとするかもしれない。

何にせよ、世界最大の高齢化大国に生きている私たちは、高齢者の身に起きている現実に背を向ける余裕はないはずだ。まだ目をそらして問題を先送りにするのか、今こそ目を見開いて未来を変えていくのか。

日本の将来は、私たちの意識一つひとつにかかっているのだ。

無縁老人——高齢者福祉の最前線◆目次

装幀　Malpu Design（清水良典）

第一章

黒い黄昏《たそがれ》

刑務所という終《つい》の棲家《すみか》――累犯者

再犯者のたどり着く先

鳥取県の山陰道の鳥取インターを降りると、黄金色の稲穂が揺れる田園風景が広がっている。田んぼの中の一本道を車で進んでいくと、牧歌的な光景には似つかわしくない、コンクリートの塀に囲まれた要塞のような建物が現れる。正門には日の丸の旗がはためき、制服を着た警備員が厳しい顔をして立っている。

ここは鳥取刑務所。全国に存在する六〇を超える刑務所のうちの一つだ。

現在、刑務所が抱えている問題に、受刑者の高齢化がある。建前の上では、刑務所は罪を犯した者を一定期間収容して反省を促し、出所後に真っ当な道に進ませるための施設である。だが、現実的にはそうはなっていない。受刑者の社会復帰は容易ではなく、出所したところで二人に一人は再犯を起こしている。特に前科のある高齢者は就労が困難であるため、違法行為をくり返す率が高い。

かつて私が取材した前科一一犯の七十代の受刑者はこう語っていた。

「社会復帰しても金も友達もなく、何をやるにしてもすごく大変なんだ。その点、刑務所にいれば医療も受けられるし、ご飯も無料で食べさせてもらえる。だからシャバにもどっても、何か不便なことがあれば、ムショで生活していた方がマシだって思って、わざとつまらない犯罪をしてしまうんだ」

一部の受刑者にとって、刑務所は社会で暮らすより居心地のいい場所になっているのだ。

二〇一七年十二月、国はこうした現状を受けて「再犯防止推進計画」をまとめた。受刑者たちが、再び罪を犯さないように居場所を見つけたり、福祉につなげたりする仕組みを作ったのだ。

そんな中、高齢者を多く収容する鳥取刑務所のある鳥取県ではどのような取り組みが行われているのか。塀の中に足を踏み入れてみることにした。

日本全国に数ある刑務所は、それぞれ特徴を有している。重大事件を起こした受刑者が主に集められる刑務所、心身の治療が必要な受刑者が集められる刑務所、犯罪傾向が軽く更生が期待される受刑者が集められる刑務所などだ。

鳥取刑務所は、実刑期が一〇年未満で、犯罪傾向の進んでいる男性を収容することになっている。端的に言えば、犯罪の内容は窃盗などで軽いが、長期間にわたって何度もそれをくり返す受刑者が多いということである。

鳥取刑務所に赴いた私に話を聞かせてくれたのは、庶務課長の梶山勉《かじやまつとむ》氏（仮名、52歳）だ。梶山氏は受刑者の特徴について次のように語る。

「うちは鳥取県にある唯一の刑務所ですが、受刑者の出身地でいえば、県外の方が多数なんです。大阪、兵庫、岡山といった地域で罪を犯してこちらに送られてくる。施設は古いですし、冬には雪が降りつもって気温がかなり下がるので、高齢の受刑者たちの身心にはかなりこたえるようで、『鳥取刑務所はつらい』という声をよく聞きます。それでも、累犯《るいはん》者は性懲《しょうこ》りもなく罪を犯しては何度もこの刑務所にもどってくるのです」

刑務所の仕組みを簡単に説明しておこう。裁判で刑が確定し、鳥取刑務所に受刑者が送られてくると、まず「刑執行開始時調査」にかけられ、二週間にわたって犯罪の動機や本人の特性などが細かく調べられる。その後、「処遇審査会」で収監中の指導内容や作業内容（木工、洋裁、炊事《すいじ》など）が決められ、受刑生活がスタートするのだ。

先述のように刑期は一〇年未満の者が大半だが、刑期を満了まで務める者と、仮釈放で刑期を少し残して出所できる者とに分かれる。

仮釈放が出るかどうかは、刑務所内での生活態度が評価の対象となる。刑務所で規則を守って正しい生活をし、再犯の可能性が低いとされた者たちには仮釈放が与えられる。だが、規則を何度も破ったり、出所後の引受人がいなかったり、暴力団に属していたりする人の場合は、満期まで務めなければならない。鳥取刑務所の出所者は、おおよそ半数くらいが仮釈放の対象になっているという。

梶山氏は話す。

「全国的に、受刑者の数は減ってきています。ピークは二〇〇六年でした。鳥取刑務所でも、当時の定員七〇五人に対して七六〇人くらいの受刑者がいて、入りきらないような状況だったんです。それ以降は受刑者の人数が徐々に減っていって、今は三八〇人ほどになった。でも、高齢者の受刑者の割合は、それに反比例するように増えていて、年間の受刑者の一割強が六十五歳以上になっています」

六十五歳以上の高齢者は、バブルの恩恵を受けてきた世代だ。若い頃は良い生活をしていたが、バブル崩壊後はリストラに遭うなどして生活苦に陥り、その一部が窃盗や無銭飲食などといった犯罪に走った。二〇〇六年は、そうした人たちの犯罪がピークに達した時期といえる。

受刑者は刑期を終えて社会復帰したところで、安定した職業に就けるわけではない。差別にさらされたり、親族や友人と疎遠になっていたりすることもある。そのため自暴自棄になって再び犯罪に手を染める。これを三回以上くり返すことを「累犯」と呼ぶが、現在増えているのは高齢者の累犯なのだ。

梶山氏は言う。

「現在、うちの受刑者の九割が累犯です。一人平均四・七回入所していて、一番多いのは一九回になります。私は転勤を挟んで合計一〇年以上ここで勤務していますから、転勤前の十数年前から何度も出たり入ったりしている受刑者もたくさんいます」

刑期の平均が三年半なので、単純計算で累犯者一人あたり一六年以上は刑務所で過ごしている計算になる。彼らの犯した罪を示しておこう。

覚醒剤　三四・九％
窃盗　三二％
詐欺《さぎ》　七％
交通法　四・一％
傷害　三・四％
強盗　二・八％
その他　一五・八％

ここで言う詐欺とは、特殊詐欺や投資詐欺のような高度なスキルを必要とするものではなく、レストランや居酒屋などでの無銭飲食がほとんどだ。無銭飲食は、当初から料金を払う意思もなく、食事をだまし取ったということで詐欺罪が適用される。

高齢累犯者は、どんな人生を送り、何を思って受刑生活を送っているのか。実際に、受刑者に話を聞いてみることにした。

受刑者の足跡

○森篤弘《もりあつひろ》（仮名、61歳、前科四犯）

九州で建設会社を経営する父のもとで、篤弘は長男として生まれ育った。地方の私大を中退後に、専門学校を経て、地元のガソリンスタンドに就職した。

彼は若い頃から何をするにも不真面目で中途半端なタイプだった。そのくせその場限りの調子の良いことばかり口にするので、職場でも、プライベートでも誰からも信頼を得られない。ガソリンスタンドの仕事を数年で辞めた後、彼は親族の紹介で何度か転職したが、どれもつづかず数カ月から数年で辞めてしまった。

安定した収入がないのに、篤弘はスナックやキャバクラが好きで通ってばかりいた。店へ行くと、見栄《みえ》を張って高額な酒を注文し、ホステスに気前良くプレゼントを贈る。金を貸してくれと言われれば、いくらでも貸す。実家暮らしでも、そんな生活がいつまでもつづくわけがない。

最初の逮捕は、二十代の終わりだった。ある日、篤弘は昔の職場の女性に連絡をすると、彼女からうつ病で仕事ができず生活に困っていると相談を受けた。彼は良いところを見せようとして、その女性に金を貢《みつ》ぎはじめた。女性が喜ぶと、頼まれてもいないのにどんどん金を渡すので、あっという間に貯金が底をついた。それでも彼は貢ぐことをやめず、勤めていた会社の機材を盗んで転売したところ、それが露見して逮捕されたのである。

この時は初犯だったために執行猶予《ゆうよ》がついた。だが、その後も性懲りもなく同じようなことをする。盗みが癖になったのだろう。そうして彼は刑務所と一般社会《シャバ》を行き来する生活に突入するのだ。

篤弘は話す。

「僕は女の人がいるとダメになるんですよ。普段は趣味も何もない静かな人間なんです。女の人の前じゃなければ、酒も飲まないし、ギャンブルもやらないので、まったくお金を使わない。けど、女の人を前にすると、どうしても格好つけたくなって、たくさんお金を浪費して、最後には困って会社の物を盗んじゃう。やっちゃいけないってわかっていても、自分を抑えられずくり返してしまうんです」

金のためと言いながら、彼が行う窃盗は無思慮で浅はかだ。

たとえば、ある日、彼はキャバクラで知り合った女性に入れ揚げ、会社にあったトランジット（道路工事などで角度を調べる測量機器）を盗んだことがあった。この時、彼は「地元で売ったらバレる」と考えてレンタカーを借り、九州から山口県まで行って、それを数万円で売った。だが、レンタカー代、ガソリン代、高速代を払えば、窃盗と転売で得られる額など雀《すずめ》の涙だ。つまり、思いつきで犯罪をしているだけなのだ。

こうした人生は四半世紀以上もつづき、複数回にわたって刑務所に入ることになった。そんな彼も六十一歳。出所後に就職することは簡単ではないだろう。どうするつもりなのか。その問いに対する答えも篤弘らしい。

「今僕が信用できるのは、逮捕時にお世話になった山口県の警察官です。調書を取られている時、僕の将来を心配してくれたんですよ。立派な人です。だから、ここを出たら、その人のところへ行こうと思っています」

この警官とは逮捕と取り調べの時に話しただけだという。その警官にしたって、出所した彼にいきなり訪ねてこられても困るだけだろう。だが、彼はそのことすらわかっていないのである。

○広岡一郎《ひろおかいちろう》（仮名、67歳、前科一五犯）

一郎は端整な顔をしており、体格もスマートだ。頭の回転も悪くなく、受け答えもはっきりしている。塀の外で、「スポーツ好きで会社の役員です」と言われれば、信じてしまいそうな雰囲気がある。

だが、彼はこれまで社会で真っ当な仕事をしたことがなく、十七歳の頃から空き巣をして生きてきた。前科は一五犯。人生の大半を刑務所で過ごしてきた、自称「プロの空き巣」である。

関西の田舎町で、一郎は育った。父親は製材所で働きながら、自宅の土地で農業を営んでいた。経済的にはそこそこ裕福だったが、十四歳の時に母親が他界。そこから家族がバラバラになった。

一郎は中学を卒業して間もなく、ギャンブルにのめり込んだ。競輪やオートレースに足繁《あししげ》く通いはじめたのだ。最初に逮捕されたのは、ギャンブルをする金欲しさにした空き巣だった。少年院に一年間収容され、十八歳で出たものの、ギャンブル癖が治らず、保護観察中に再び窃盗をして逮捕。次は少年刑務所へ送られた。

二十歳で社会復帰したが、実家の親からは勘当《かんどう》された。一郎は家族からも見捨てられたことで、誰に気を遣うわけでもなく自堕落《じだらく》な生活をはじめる。空き巣で稼いではサウナやビジネスホテルに泊まり、ギャンブルで散財する。驚くことに、その生活は六十七歳になる今に至るまでつづくことになる。全国を転々としながら窃盗をしていたため、アパートなど一つの場所に住居を持ったことは一度もないそうだ。

一郎の言葉である。

「この年になるまでギャンブルから離れることができませんでした。各地を回って民家や店に入って盗みをして生きてきたので、職に就いたことがありません。金がない時は、ホームレスみたいに公園で野宿をして過ごしていました。こんな生活をしてきたので、昔から親しくしている友人もいませんし、結婚したこともありません。話をする相手は、サウナや競輪場なんかで出会う人です。何度も顔を合わせているうちに言葉を交わすようになって、一緒にお酒を飲みに行ったり、パチンコに行ったりするんです」

三〇年以上の刑務所生活については、次のように語る。

「ちゃんと生きていこうと思ったことはありますよ。でも、僕の意志が弱かったんでしょうね、うまくいきませんでした。ギャンブルから離れられなかったんです。全部ギャンブルのせいですよ」

頭の中がギャンブルでいっぱいだったので、働こうという意思が生まれなかったらしい。さらに、十代から刑務所生活がつづいていたので、それに対する抵抗感がなくなっていたという。そのことが長きにわたる刑務所生活につながったのである。

将来的に一郎はどうしたいと思っているのか。彼は次のように答えた。

「次にここを出る時は、七十歳くらいになっています。生活保護を受けてＮＰＯが運営している施設に入ろうかなと思っています。施設に入っていろんな人に支えてもらえば、ギャンブルも窃盗もしなくなるかもしれません」

彼は前回逮捕された時もまったく同じことを語っていたらしい。いったんはＮＰＯに身を寄せたものの、また窃盗で逮捕されて懲役刑《ちようえき》を受けたのだ。それを聞く限り、更生の道はほど遠いだろう。

鳥取刑務所で篤弘と一郎へのインタビューを終えた後、私は何とも言えない複雑な気持ちになった。二人の人生をいくら聞いても、そこに反省の気持ちも見られなければ、更生への意思も感じられない。当たり前のように犯罪をし、刑務所に入るという生活を送っているだけなのだ。

庶務課長の梶山氏は、そんな私の気持ちを読んでか、次のように言った。

「篤弘にしても、一郎にしても、決して極悪人ではないんです。でも、女性やギャンブルを前にすると、自分の力では犯罪への衝動が止められなくなってしまう。欲望を制御できないのです。そして彼らには、それを止めてくれるような環境や支援者がいなかった。それでずっと犯罪をくり返し、高齢者と呼ばれる年齢に差し掛かってしまっているんです」

二人が自分を律する気持ちを持っていないのは明らかだ。実を言えば、インタビューの最中、彼らは知的障害や精神疾患《しっかん》があるのではないかと思った。だが、裁判や刑務所で調べた限り、そうした事実はなかったという。

梶山氏は言う。

「彼らは若い時は、もう少しうまく逃げ回っていたと思います。けど、年を取ると、逮捕されることも増え、だんだんと刑務所が居場所になってしまう。そして認知症になったり、車椅子生活になったりする。累犯者の高齢化問題は非常に深刻です。鳥取刑務所では介護福祉士が一名いますが、他の刑務所では募集をかけても集まらないと聞いています。介護福祉士は売り手市場なので、なかなか刑務所に来たがらないのが現状なのです」

梶山氏はそう言って、鳥取刑務所に勤める介護福祉士の佐藤絵理沙《さとうえりさ》氏（仮名、26歳）を紹介してくれた。

介護と出所

会議室に現れた佐藤氏は、白衣をまとった若々しい女性だった。

もともと佐藤氏は鳥取刑務所内で事務の仕事をしていたそうだ。そんなある日、刑務所が受刑者の高齢化に伴って介護福祉士を募集しはじめた。佐藤氏は偶然その資格を持っていたことから、事務とは別の仕事をしたいと考え、介護福祉士として働くことにしたという。以来、彼女は高齢の累犯者と向き合ってきた。

佐藤氏は次のように語る。

「鳥取刑務所の受刑者の一割強が、六十五歳以上の高齢者です。そのため、体調不良などを申し出てくる受刑者が数多くいます。悩みは人それぞれですが、やはり高齢者特有のものが多い印象があります」

受刑者が体調不良を訴えた場合、最初に三名いる准看護師が、相談に乗る決まりになっている。高齢者の場合、「腰の痛み」「尿漏れ」「排便困難」「古傷の痛み」といった内容が多いそうだ。中には覚醒剤の後遺症の苦しみを訴えられることもある。

この准看護師たちの役割は、スクリーニング（ふるい分け）だ。作業を怠《なま》けるために仮病を使う受刑者もいるので、症状が本当かどうかを見分けなければならないのだ。もし受刑者が本当に体調不良で苦しんでいると判断すれば、刑務所に勤める医師につないで治療を行い、そこで対応できないほど重症であれば、医療刑務所、もしくは外部の病院へ移すことになる。

介護福祉士の仕事は、このような受刑者のうち日常的に介護を必要とする者への対応だ。内容は一般的な高齢者に対するものと同じであり、認知症の受刑者への対応なども含まれる。

佐藤氏は語る。

「今の鳥取刑務所の受刑者の最高齢は八十代です。高齢者が増えれば、自然と介護が必要な人も増えます。それで、介護福祉士が求められるようになったのです。仕事の内容は、受刑者の身体機能の衰えを防ぐためのリハビリや、おむつ交換といったものです。入浴介助も検討されたのですが、私が女性であるために安全が確保できないとの判断で今はやっていません」

七十代の高齢者が七、八年の懲役刑を受けて入所すると、収監中に身体がみるみるうちに衰えていくことも少なくない。足腰を悪くして自力で動き回ることができなくなれば、出所後の生活は困難を極める。そのため、なるべく運動機能が弱まらないように、刑務所内でリハビリを行う必要があるのだ。

佐藤氏が印象に残っている七十四歳の受刑者がいる。覚醒剤の使用で、九回の逮捕歴がある男性だ。

二〇一五年に彼が刑務所にやってきた時はそこまで心身に不自由は見られなかった。だが、間もなくして急に認知症の症状が現れた。見る見る間に悪化していき、すぐに教官の指示が理解できなくなり、面会中も眠ることが増え、ついには自分がどこにいるかもわからなくなった。間もなく身体機能も衰え、寝たきりになった。

佐藤氏はこの受刑者に対して懸命にリハビリを行ったが、認知症と身体機能の低下を止めることはできなかった。これほど急激に認知症が悪化したのは長年やってきた覚醒剤の影響もあったのかもしれない。最終的に、彼は刑務所内で要介護4の認定を受け、排泄《はいせつ》、着衣、入浴、食事などは介護を要する状態になった。

佐藤氏は言う。

「三年の刑期を終えて彼は出所することになりましたが、一人では生きていけませんので、受け入れ先を探さなければなりませんでした。彼には弟さんと息子さんがいたのですが、いろいろあって縁が切れていたらしく、どちらからもお返事をいただけませんでした。そうなると、介護施設に託すことになります。でも、どの施設も満員で、出所したばかりの人を受け入れるような余裕はありません。それで自立準備ホームに引き取ってもらい、そこからショートステイに通わせている間に、特別養護老人ホームを探すことにしたのです」

受刑者の多くは、家族と疎遠になっているため、引受人が見つからない。だからといって、簡単に介護施設に入れるわけでもないのだ。

ここで、受刑者の出所のプロセスを押さえておきたい。

刑務所から出所するパターンは、基本的に二通りだ。仮釈放の場合は引受人のところに身を寄せることになり、満期出所の場合は一人で出所することになる。

ただし、先述の通り、受刑者によっては心身の衰えによって社会復帰後の自立した生活が困難な者がいる。そういう者については、「特別調整」といって刑務所が探した社会の受け皿へ引き渡す。

鳥取刑務所で特別調整を担っているのが、社会福祉士の田村冴子《たむらさえこ》氏（仮名、40歳）だ。田村氏はこう述べる。

「特別調整の仕事は、受刑者の中から福祉の支援が必要な者をピックアップして、出所後の生活をサポートすることです。受刑者一人ひとりの状態を調べ、福祉サービスを受けるべきだと判断した場合は、面接を行います。昨年は約三〇名と面接をしましたので、受刑者の約一割が福祉につなぐ必要がある者ということになります。本人が面接で特別調整を受けることに同意すれば、決められた手続きに入ります」

特別調整の対象者になるには、「住所がない人」「自立した生活が難しい人」「本人が福祉の支援を必要としている」「六十五歳以上の高齢者」「障害や病気があること」といった条件がある。

面接で受刑者が特別調整を承諾すれば、田村氏は受刑者に障害者手帳の交付や公的年金等の受給をさせたり、特別養護老人ホームやヘルパーの申請をしたりする。たとえば、先に述べた七十四歳の受刑者の場合は、刑務所にいる間に住所変更をし、介護保険の申請をして要介護4の認定をしてもらい、出所後にショートステイをつけられるよう手続きをしたという。

だが、実際に面接をしても、すべての受刑者が特別調整を受け入れるわけではない。去年の出所者で言えば、対象者はわずか九名だけだ。なぜなのか。田村氏は説明する。

「受刑者たちは、施設に入れれば行動を制限されるのを知っています。施設ではお酒が飲めなかったり、お小遣いが決められていたり、外出に規制があったりする。それで、施設での生活を嫌がるのです。また、もともと集団生活が苦手で、頻繁に人とぶつかってしまう人が多いので、施設で見ず知らずの人たちと生活することをよしとしない。それで特別調整を拒否するのです」

受刑者のうち、障害者手帳を持っているのは三五名。おおよそ一割が障害者ということになる。だが、彼らの一部は自分が障害者であることを認めず、手帳の申請を拒否するという。

また、精神疾患の症状が顕著で一般の生活ができない者もいる。鳥取刑務所の受刑者の罪名で一番多いのが覚醒剤使用（三四・九％）だが、中には幻覚や幻聴に苦しんでいたり、精神を病んでいたりする者もいる。こうした者たちは、出所後直ちに病院へつないで治療を継続させる必要があるのだが、受け入れ先を見つけるのは困難だという。

田村氏はつづける。

「薬物の受刑者は暴力団関係者もいます。刺青《いれずみ》があったり、指がなかったりする。そうなると、施設の側から受け入れを断られることがあるのです。また、ようやく病院が見つかっても、ずっとそこに入院しつづけることはできません。そうすると、退院した後、誰からもサポートを受けられないまま、また犯罪をくり返すことになります」

鳥取刑務所では、受刑者の四五％が暴力団関係者だ。彼らは、暴対法や暴排条例によって銀行口座を開設できないなど様々な制約を受けている今、彼らの出所後の生活という新たな課題も出てきているのだ。

田村氏は語る。

「私の希望としては、六十五歳以上の受刑者の大部分は特別調整を受けた方がいいと思っています。高齢の出所者が社会復帰するのは簡単ではありません。福祉とつながることは、再犯の予防にもなります。私としては、面接を重ねて説得していくしかないと思っています」

地域生活定着支援センター

刑務所の特別調整では、田村氏のような社会福祉士が受け入れ先探しを一から一〇まですべて行うわけではない。外部の専門機関と協力しながら探すのだ。その専門機関の一つが、各都道府県に設置されている地域生活定着支援センターだ。出所した元受刑者たちの定住先を探すための機関である。

鳥取県地域生活定着支援センターは、鳥取駅近くのビルの四階にオフィスを構えている。県の委託を受けた社会福祉法人「鳥取県厚生事業団」が運営しており、所長を含め、現在は四名の相談員が働いている。

所長の嶋崎《しまざき》佳代子《かよこ》氏は語る。

「うちの業務は出所前から出所後の生活に関する支援になります。まず刑務所から保護観察所に連絡が行き、そこから当センターにこういう受刑者が出所するので支援をしてくれないかという依頼が来ます。鳥取刑務所であれば出所の六カ月前、他県の刑務所であれば一〇カ月前に相談が来ることになっていて、出所前から刑務所で面会を重ねて今後どうしていきたいかといった希望を聞いて準備をします。地元に帰るのか、そうでなければ他に行く当てはあるのか、施設へ入る意思はあるのか、だとしたらどういう施設がいいのか。人それぞれ希望は違いますし、実現可能なことと不可能なことがあるので話し合いを重ねます。面会は出所までおおむね三回から一〇回くらいします」

センターでは、ここ八年間で合計一〇五名に対する支援を行った。もっとも多い年齢層は、六十代から七十代。犯罪でいえば、窃盗が八割、無銭飲食が一割、その他が一割だ。

嶋崎氏はつづける。

「うちが支援する出所者の大半は、年齢的にも身体的にも就労して生活費を稼ぐ能力がありません。これまで一般就労にこぎつけられたのは、一〇〇人以上いて一人だけですね。障害者手帳を持っているのも全体の四割にすぎないので、残りの六割については生活保護を受給してもらっています」

一人暮らしをするにせよ、施設に入るにせよ、生活保護を受給しなければ生きていくことが難しい人ばかりなのだ。

ただ、福祉の恩恵にあずかれたからといって、出所者の受け入れ先がすぐに決まるわけではない。ほとんどの場合は、出所後は一時的に自立準備ホームや更生保護施設に入ってもらう。その間に、センターの職員があちらこちらを駆けずり回って受け入れ先を探すのだ。半数は施設（障害者支援施設、養護老人ホーム、救護施設、ケアハウス、自立訓練施設など）で、もう半数がアパートや公営住宅に入居する。一人暮らしをする者も、生活に不安があるのでデイサービスなど福祉につなぐのが一般的だ。

同センターの相談員の鎌谷《かまたに》翔平《しょうへい》氏は語る。

「私たちの目標は、単に定住先を見つけることだけではありません。出所者たちを社会と結びつけることで、再犯を防ぐことを目標としています。そのため、施設ではなくアパートなどで一人暮らしをすることを選んだ人に対しても、地域の囲碁教室でボランティア活動をすることを勧めたり、シルバー人材センターに登録してもらったりします。誰かと接点を持っていることが、再犯抑止の一助になるのです」

たしかに私が刑務所で出会った受刑者たちは、ほとんど他者や社会との結びつきを持っていなかった。だからこそ、彼らは極めて自分本位な理由で罪を犯し、反省をしようともしない。逆に言えば、社会に根を下ろした生活をしていれば、それを壊すような犯罪に走る率は低くなるのだ。

とはいえ、地域の人たちは出所者を簡単に受け入れてくれるものなのだろうか。鎌谷氏は答える。

「センターができてこの事業がスタートしたばかりの頃は、社会の無理解を痛感したことも度々ありました。しかし、私たちが施設に通って何度も説明をし、成功事例をつみ重ねたことで、少しずつ理解者が増えていきました。前科者も自分たちと変わらない普通の人だと思っていただいたり、出所者のために一肌脱ごうという人が現れたりしたのです。おかげで、これまでで二〇カ所くらいの施設に受け入れ実績ができました」

施設に出所者を迎え入れてもらうには、何よりセンターとの信頼関係が欠かせない。出所者の中には、そこでの人間関係がうまくいかず、トラブルを起こしてしまう者もいる。そんな時は、センターの職員が即座に駆けつけて解決する。そうしたことを重ねていくことの中で、関係ができていくのだ。

「大多数の出所者たちは、対人関係どころか生活能力にも乏しいです。電気代の支払い方がわからない、一人で買い物ができない、書類を書けない、病院へ行きたがらない……。そういうところまで、私たちはサポートしなければなりません。そこまでやってどうにか生活することができるのです。センターの仕事は受け入れ先を探すことと考えられがちですが、仕事の八割はその先の生活のサポートなのです」

実際に支援を受けた出所者の再犯率は格段に下がるという。

「これまで支援をした一〇五名の出所者は、ほぼすべて累犯です。しかし、うちがその後のサポートをしているので、刑務所への再入所率は一～二割程度。逆に言えば、八割以上の人が犯罪をしていないということです」

センターの取り組みは再犯を減らすことに役立っている。だとしたら、センターの職員が出所者と関係性を構築するための秘訣《ひけつ》はあるのだろうか。

鎌谷氏は答える。

「これをすれば、すべてがうまくいくということはありません。ただ、私たちがかかわる出所者の方々はみなコミュニケーションを取るのが苦手です。だからこそ、私たちの方から積極的に働きかけていかなければならない。生活の支援をしたり、問題解決の手伝いをしたり、伝えたいことを代弁したりする。そういうことをやっていくことによって信頼関係が生まれていくのです」

鎌谷氏はこの仕事をするまで出所者に会ったことがなかったという。それゆえ、漠然《ばくぜん》と「怖い人」という印象しかなかったそうだ。

ところが、センターで働きはじめてイメージが大きく変わった。ここに来る出所者は、必ずしも幸せな人生を送ってきたわけではない。家族から愛情を受けた経験がない、親の顔を知らない、虐待経験がある、学校でいじめに遭っていた、障害を抱えている、施設を転々として生きてきた、真《ま》っ当《とう》な人間に出会ったことがない……。社会での生き方すら教えてもらえず、生きるために何十年も犯罪を重ねてきた人たちを何人も見てきた。

鎌谷氏は言う。

「出所者を見ていて感じるのは、もっと早い段階で何かしらの支援があれば、累犯者になることはなかったということです。それがないからずるずると犯罪をくり返すことになった。私たちが彼らを社会とつないでいくことで再犯が減るという実績を上げていけば、自《おの》ずとその重要性も認知されていくと思っています」

刑務所で受刑者一人にかかる費用は、年間三〇〇万円と言われている。これに彼らがこれまで犯した罪による経済的損失、出所後の生活保護や福祉支援などにかかる金額を合計すれば、その額は計り知れない。

罪を犯した者を批判するのは簡単だ。だが、彼らを社会にきちんと迎え入れない限り、ひたすら社会的損失だけが膨らんでいくことになる。ならば、私たちは彼らに対してどう向き合うべきなのか。

刑務所やセンターで聞いた言葉に、そのヒントがあるのではないだろうか。

（二〇一八年取材）

暴力化する介護——高齢者虐待

被害件数一万七〇〇〇の衝撃

十二月の初旬、雪の降る北海道に降り立った私が向かったのは、札幌《さっぽろ》市中央区にある「北海道高齢者虐待《ぎゃくたい》防止・相談支援センター」だった。北海道社会福祉協議会（社協）が運営する同センターは、道内の高齢者虐待に関する啓発、相談、支援を行っている。

二〇二一年度に、日本全国で起きた高齢者虐待の件数は一万七〇〇〇を超えた。このうち、養介護施設従事者等によるものが七三九件、子供など養護者によるものが一万六四二六件だった。

高齢者虐待の種類は五つ。「身体的虐待」「ネグレクト（介護等放棄）」「心理的虐待（言葉の暴力）」「性的虐待」「経済的虐待（親族等が高齢者から経済的搾取を行う）」だ。被害者の七、八割は認知症患者だとされている。

北海道高齢者虐待防止・相談支援センターは、北海道内で起きている高齢者虐待をすべて管轄しているという点で稀有《けう》な存在だ。一般的には、家庭からの通報は各市区町村に設置された地域包括支援センターが対応するのだが、広い北海道では地域によって案件に差があり、職員のスキルや虐待の内容に偏りが出やすい。そこで同センターが中核的な役割を担い、各市町村から寄せられる対応相談を受けたり、北海道全体としての啓発活動を行ったりしているのだ。

今回取材に応じてくれたのは、センター所長の中村健治《なかむらけんじ》氏（58歳）だ。中村氏は話す。

「高齢者虐待は、在宅介護によって家族間で起こる虐待と、施設の中で起こる職員による虐待に大別することができます。当センターに寄せられる相談としては、在宅介護で起きる虐待案件が多いですね。被害者の年齢は八十代が最多ですが、六十五歳から六十九歳の比較的若年層でも虐待被害は報告されています」

全国的に見た場合、養護者による高齢者虐待では年齢的な特徴はさほどないが、被害者は圧倒的に女性が多く七五・六％で、男性は二四・四％だ。加害者は大半が身内で、息子（三八・九％）、夫（二二・八％）、娘（一九％）、息子や娘の配偶者（三・七％）だ。身近にいる人ほど、虐待加害者になる可能性が高いということになる。

虐待の種類は、身体的虐待（六七・三％）、心理的虐待（三九・五％）、介護等放棄（一九・二％）、経済的虐待（一四・三％）、性的虐待（〇・五％）の順だ（複数回答）。通報者としては、本人（二・九％）や家族・親族（五・七％）は意外に少なく、デイサービスの職員やケアマネージャーなど職務上知り得た者（六九・三％、介護支援専門員＋介護保険事業所職員）がもっとも多い（いずれも「介護保険サービス」を受けている高齢者における割合）。被害者に認知症や精神疾患があり、加害者が身内であることを考えれば、自ずとそうなるのだろう。（以上、厚生労働省「令和三年度『高齢者虐待の防止、高齢者の養護者に対する支援等に関する法律』に基づく対応状況等に関する調査結果」による）

中村氏はつづける。

「高齢者虐待は児童虐待とは違う特徴があります。当センターに寄せられる相談を聞いていると、自治体もそのことで大変な苦労をしているのがわかります。よく寄せられる質問として、『高齢者を保護したものの、被害者に認知症があって、自宅に帰りたいと訴えている。どう対応すればいいか』とか『経済的虐待を判断するポイントを教えてほしい』といったものがあります。児童虐待の場合は、明らかな虐待行為があれば、児童相談所が子供の意思とは別に強制的に保護しますし、親が子供から金銭を奪うような経済的虐待はほぼありません。しかし、高齢者虐待では虐待があっても本人が家を出ることを拒んでいるとか、財産を不当に取られるといったことが起こりうる。そうした人たちを保護して問題を解決するのはとても難しいのです」

被害者が認知症を患っていると、本人が虐待の被害を自覚するのが困難だ。親と虐待をする子供が共依存になっていることもある。そうなれば、虐待が起きていても、なかなか、被害者の同意を得て保護することができない。

これは経済的虐待も同じだ。高齢者が寝たきりになれば、介護者である子供に全財産を託すのはやむをえない。また、子供が介護離職して無収入になれば、その報酬として親に金銭を求めることもある。財産の額も人によって違うので、どこからどこまでを経済的虐待とするかの線引きは容易ではない。

中村氏は言う。

「施設の従業員から通報がある場合にも、対応に難しさを感じることがあります。以前、『うちの施設の先輩従業員が、入所者に虐待をしている。施設はずっと人手不足なので、上司に訴えたところで問題を握りつぶされてしまう可能性がある。一体どうすればいいか』といった相談が寄せられました。通報してきたご本人が、虐待を表沙汰にするのが正しいことなのかどうか迷っているんです。もちろん、虐待は止めるべきですが、同時に施設や通報者を取り巻く状況のケアも必要になってきます」

介護の現場は常に人手不足であり、従業員は日々の業務をこなすので精いっぱいだし、家族にとっても新たな受け入れ先を見つけるのは大変だ。そのため、施設での虐待が発覚して業務がパンクすると、施設も、職員も、家族も、介護を受ける高齢者も路頭に迷うことになりかねない。虐待を暴くより、その後処理をする方が負担が大きいのだ。

中村氏はつづける。

「児童虐待は加害者と被害者がはっきりしていますが、高齢者虐待の場合はそうではありません。加害者と被害者が共依存になっている場合は、虐待が明らかになることが双方にとって不利益をもたらすことになりかねないのです。たとえば、私たちが親子間の経済的虐待に介入したことによって、高齢者は介護者を失い、介護者は生活が破綻するなんてことが起こる。そのため、現場の状況に応じたその時々の判断で、虐待に対してどのように介入していくかを決めていく必要があるんです」

児童虐待に比べて、高齢者虐待に対する危機感がいまいち広がらないのは、こうしたことに一因があるかもしれない。

だが、被害者の中には命にかかわるような暴力にさらされ、今すぐに支援を必要としている者もいる。そうした現場では、支援者はどのように高齢者虐待と向き合っているのだろうか。

私は岩手県奥州《おうしゅう》市に、被虐待の高齢者を受け入れている養護老人ホームがあると聞いて向かってみることにした。

シェルターとしての老人ホーム

奥州市には二つの養護老人ホームがある。そのうちの一つが、「寿水荘《じゅすいそう》」だ。

そもそもどういうプロセスで、養護老人ホームは虐待被害に遭った高齢者を受け入れるのだろう。

すでに見たように、高齢者虐待に対応するのは各自治体の地域包括支援センターだ。通報を受けて担当者が駆けつけ、虐待が深刻なものであると判断した場合は、被害者を家庭から引き離して保護する処置を取ることになる。

児童虐待の場合は、この役割を児童相談所が担い、一時保護所や児童養護施設に預けるのだが、高齢者虐待では専用の保護施設が存在しない。そのため、高年齢で心身に問題がある人の預け先は養護老人ホームになる。

養護老人ホームは、心身はそれなりに元気であっても、経済困窮などで自立が難しい高齢者を受け入れる施設である。したがって経済力があって一人で生きられる人や、重度の認知症患者や寝たきりのような人は対象外だ。

寿水荘で施設長を務めるのが小田代《おだしろ》将正《まさただ》氏（73歳）だ。彼は次のように語る。

「養護老人ホームでの生活にかかる費用は、税金で賄《まかな》われます。そのため、私たちの判断で受け入れを行うことはできません。まず市に設置されている老人ホーム入所判定委員会が、その人が抱えている問題や、周辺の状況を調べて、入所に必要な条件を満たしているかどうかを判定します。そこで認められて初めて、うちに入ることができるのです。

高齢者虐待のケースでは、委員会の中で被害状況や家庭環境を踏まえ、身柄を保護するべきかどうかが話し合われます。そこで保護の必要性が認められたら、うちに連絡が来る。そしてうちの担当者が被害者と面会し承認すれば、入所の手続きがはじまります。本人が財産を持っていれば入所や生活に必要な費用は自己負担になりますが、そうでなければ市から一人当たり月に一七万円くらいの措置費が出ることになっています」

小田代氏は、寿水荘に入所している二人の虐待された高齢者を紹介してくれた。彼らが保護された流れを示そう。

○及川光子《おいかわみつこ》（仮名、76歳）

光子は生活保護を受けながら、娘と二人の孫と共に四人で暮らしていた。娘と孫二人は知的障害があって就労が困難だったため、全員で身を寄せ合うように暮らしていた。

家庭の生活費は生活保護費で成り立っていたが常に火の車だった。原因は、光子の娘がギャンブルとアルコールの依存症だったことだ。毎月、生活保護のお金が入ると、娘がそれを持ち出して、一、二週間のうちにギャンブルとアルコールに費やしてしまう。無一文で一週間以上暮らさなければならなかったことも多々あり、月末には一家全員が食事もままならなくなっていた。

市の担当者はそうしたことを考慮して、生活保護費を月ごとではなく、週ごとに分けて払うようにした。そうすれば、娘の浪費を抑えられ、食べていくことができるはずだと判断したのだ。最初はなんとかうまくやっていたが、光子が高齢になるにつれ、娘が実権を握るようになり、浪費がエスカレートしていった。

ある日、デイサービスの事業所の職員が、光子が急激にやせたのに気がついた。調べると、三二キロあった体重が、たった一カ月で二九キロにまで落ちている。あまりにも急激な体重減少だ。

この職員は家庭内で何か問題が起きているのだろうと考え、市の相談窓口に通報した。担当者が自宅に赴いて調べたところ、娘がギャンブルとアルコールに費やす金欲しさに、光子に食事を与えていなかったことが判明した。

職員は会議にかけ、光子が家庭内でネグレクトを受けていると判断。娘にも改善の意思が見られないことから、光子を寿水荘に預けて保護することにした。

当初、娘は光子を寿水荘に行かせれば、生活保護が止められるのではないかと抵抗した。だが、職員が新たに娘が生活保護を受けるように手配すると話すと、態度を一変させて何も言わなくなった。娘の頭には、どうやってギャンブルやアルコールの金を作るかということしかなかったのだろう。

寿水荘で暮らしはじめた光子は見違えるように体力が回復し、体重も五〇キロを超した。光子は次のように話しているという。

「娘のところには二度と帰りたくない。ここにいさせてほしい」

○高橋秋江《たかはしあきえ》（仮名、72歳）

秋江は二十歳の頃に統合失調症と診断され、それ以降ずっと病気と闘ってきた。統合失調症は、幻覚に襲われたり、感情が極度に沈んだりする完治の難しい精神疾患だ。

その後、彼女は結婚して娘を一人もうけた。だが、統合失調症のせいで、育児や家事は困難を極めた。夫にも娘にも様々な負担をかけ、家庭崩壊の危機に瀕《ひん》したことも数えきれなかった。

秋江が六十歳くらいの時、長年連れ添った夫が他界した。すでに自立していた娘は秋江の面倒をみるために、実家で同居をして介護をはじめたものの、統合失調症に加えて身体的な介護を要する母親の世話は想像以上に大変だった。

娘はだんだんと精神的に追いつめられ、その鬱憤を秋江にぶつけるようになった。「私は人生をお母さんに台無しにされた」と考え、ちょっとしたことで暴言を吐いたり、八つ当たりしたりしたのだ。徐々に身の回りの世話もしなくなっていった。

そんなある日、家に保健所の職員が訪れたところ、秋江が廊下で倒れているのを見つけた。娘が介護放棄したため、秋江は統合失調症の薬を飲めなくなり、意識障害を起こしたのだ。秋江はすぐに病院に搬送され、入院させられた。

数週間後、市の職員が家を訪れ、娘と秋江の退院後の生活について話し合った。娘は次のように言った。

「もうお母さんと暮らしたくありません。顔も見たくない。私は引き取らないのでお母さんをずっと病院に預けてください。これ以上一緒にいたら私も壊れてしまいます」

虐待をせずに一緒に暮らす自信がなくなったのだろう。

市の職員はやむをえないと判断し、秋江を寿水荘で生活させることにした。秋江は「娘に会いたい」「家に帰りたい」と言っているが、娘は家の鍵を換えるなど拒否する姿勢を変えていない。見舞いにも一度も来ていないそうだ。

二つの事例を見る限り、虐待の原因は介護以前の家庭環境にあるように感じるのは私だけではないだろう。障害、精神疾患、依存症などいろんなことが原因になって、昔から親子関係がこじれていた。そこに介護問題が加わったことで虐待につながったという印象だ。

　このことは施設長の小田代氏も同意する。彼は次のように語る。

「高齢者虐待は、加害者だけが悪いわけじゃないんです。被害者が長年にわたって、病気や障害や依存症などで散々迷惑をかけたため、家族関係がものすごく複雑になっていることが大半なのです。子供たちもなんとかそれに耐えてきたものの、親が年を取って力関係がひっくり返ったり、介護などの負担がかかったりすることが引き金になって高齢者虐待が起こる。つまり、介護負担が増えたというだけで虐待が起こることは稀《まれ》で、それまでの何十年にわたる家庭のトラブルが根底にあるのです。そうしてみると、高齢者虐待が起きないようにするには、若い時から家族関係を良好に保っておく必要があるといえるでしょう」

　このような話を聞くと、親子関係を良好に保つことが老後の生活にまで大きな影響を及ぼすことがわかる。親が年を取れば、どこかで子供と力関係が逆転するし、誰かの世話にならなければならなくなる。その時に望むような生活ができるかどうかは、その人がどれだけ家族と丁寧に接してきたかにかかっているのだ。

　ちなみに、寿水荘は定員七七人で運営している。高齢者虐待の被害者はこのうちの一部だが、家族や親戚が定期的に面会に来るのは五人ほどだそうだ。それだけ、物理的にも、精神的にも、家族とのつながりが途切れている高齢者が多いということなのだろう。

　小田代氏はつづける。

「養護老人ホームには、様々な事情から家庭で暮らせなくなった高齢者を受け入れるという役割があります。そういう意味では、家族と疎遠な高齢者が比較的多いのは仕方のないことです。ただしそれとは逆に、養護老人ホームに入ることで、家族の負担が大幅に軽減されて、親子関係が改善することがあります。それまでは仲違《なかたが》いしていたのに、子供の心に余裕ができたことで、誕生日に連絡をしてきたり、面会に来たりするようになる。それは私たち職員にとっても喜ばしいことです」

入所者すべての親子関係が改善されるわけではないが、職員としては一件でもそうなってほしいという願いを持って働いているのだろう。

雪国のケアラー支援

子供による親への高齢者虐待の根底に、長くつづいた親子関係の不和があるのは事実だが、トリガーとなるのはあくまでも介護の負担だ。加害者である子供にしてみれば、親との関係が悪かったとしても、介護負担がそこまで重くなければ、暴力をふるわずに済んだという思いもあるだろう。

全国に先駆けて、高齢者の介護をする人々の負担を減らす取り組みを行ってきた市がある。今回取材で赴いた奥州市の隣にある岩手県花巻《はなまき》市だ。

花巻市は、花巻温泉と宮沢賢治《みやざわけんじ》誕生の地、それに最近は大谷翔平《おおたにしょうへい》を輩出した花巻東高校があることで知られているが、逆に言えばそれ以外は特筆すべきものがない、どこにでもある地方の町だ。その花巻市がなぜ、介護業界で注目されることになったのか。その理由を探りに足を運んでみることにした。

花巻市役所は古めかしいコンクリート造りの建物だ。対応してくれたのは、長寿福祉課の久《く》保田和子《ぼたかずこ》氏だ。会議室に入るなり、久保田氏は、少し前も韓国メディアが取材に来たのだと教えてくれた。

「韓国メディアも、花巻市のケアラー支援に注目して取材に来ました。ケアラーとは、介護者のことです。花巻市は、介護者の経済的、精神的、肉体的な負担を減らすことで、虐待のような深刻な事態の発生を食い止める取り組みをしてきました。市を挙げてケアラー支援事業をはじめたのは、全国でもうちが最初なのです」

ケアラー支援とは、介護者支援のことだ。東北の小さな町に高齢者が多いのはわかるが、なぜそれを最初にしたのが花巻市だったのか。その質問に、久保田氏は次のように答えた。

「実は花巻市で起きた悲しい事件がはじまりでした。全国的にもケアラーへの支援の機運が高まっていたのは事実なのですが、市内で高齢者虐待の事件が発生したことで、市が危機感を高め、すぐにでも取り組まなければならないと行動を取ったのです」

その事件とは、二〇〇九年三月に市内で起きたものだった。当時六十二歳の男性が、介護をしていた認知症で九十三歳の父親に手を上げて死に至らしめ、警察に逮捕されたのである。

報道によれば、加害者の息子は市内にある実家で四〇年以上も父親と同居していたらしい。その父親が認知症になったことが判明してからは、彼は仕事を辞め、食事からオムツ交換まで身の回りの世話のすべてを一人で担っていた。

家庭は裕福ではなかったので、毎月の生活費は父親の年金が頼りで、綱渡りのような暮らしだった。そのため、父親の認知症が進んで介護の負担が大きくなっても、有料でデイサービスの利用回数を増やすなどすることができなかった。

父の世話をするのは自分しかいないのだ。息子は何度も自分にそう言い聞かせ、できることはすべてやった。それが彼を精神的に追いつめていったのだろう。ある日、息子は何かが切れたように感情を爆発させ、父親を殺害してしまったのである。

この事件は介護殺人として全国ニュースで大きく報道された。花巻市は二度と同じことを起こしてはならないと考え、同年八月から三カ月にわたって市民の介護状況を把握するための「在宅介護者実態調査」を行った。市内でどれくらいの人が、どのような形で介護しているかを明らかにする調査だった。その結果、介護者の八割以上が介護を負担と感じており、四人に一人が軽度及び中度の抑うつの傾向にあることが判明した。

市にとってこれは大きな衝撃だった。将来的に市の高齢化は今よりはるかに進み、介護問題が深刻化するのは自明だった。すぐに手を打たなければ取り返しのつかないことになる。市は翌年四月から介護相談員を配置し、要介護認定を受けながら行政の福祉サービスを受けていない人の家を定期的に訪問し、悩みを聞いたり、利用可能な制度を提案したりする事業をはじめた。これがケアラー支援のはじまりだった。

久保田氏は言う。

「相談員を家に派遣した目的は、介護者の声を聞き、状況をしっかりと把握することです。必要と見なせば、すぐに福祉サービスにつなげます。介護者は、周囲にはわからない問題をたくさん抱えているものです。介護のために離職する、自由な外出もままならない、友人や地元との関係が切れる、視野が狭くなる……。そうなれば、介護者が高齢者と衝突するのはやむをえないことなのです。だからこそ、相談員が間に入り、話を聞き、状況を把握し、必要に応じてデイサービスなどの福祉サービスを受けさせることで、介護者の負担を減らす必要があるのです」

市はこうした事業をどれくらいの予算で行っているのか。それを尋ねたところ、年間六〇〇万円の予算で社協に委託しているという答えが返ってきた。そう聞けば、どこの自治体でもできるのではないかと思ってしまうが、そう簡単ではないらしい。

この予算で確保できる介護相談員は、わずか二人だそうだ。現在は、ケアマネージャーと介護福祉士の資格を持った三十代と六十代の女性一人ずつである。他方、市内で見回りが必要な介護世帯は五八一世帯。つまり、それだけの家庭を二人で定期的に訪問しなければならないのだ。

普通に考えれば、二人の介護相談員だけでそれだけのことを実現するのは不可能だろう。だが、この事業がスタートした時、社協はそれを実現させるためのアイディアをひねり出した。社協はこれとは別の事業で地域福祉訪問相談員を一〇人以上抱えていた。新しくはじまったケアラー支援では、こうした職員にも訪問や相談を手伝わせることで、全世帯の見守りを実現できる体制を整えたのだ。つまりすでにあった地域の福祉ネットワークの中に、新しいケアラー支援の事業を組み込んだことで人手不足を補ったのである。

久保田氏は言う。

「この事業では、家庭の見守りだけでなく、介護者に家の外に出てもらい、社会とつながってもらうことを重視しています。市が『花巻市家族介護教室』を開いて介護者に専門知識を与えたり、市が主催のストレッチ、ヨガ教室、料理教室で気分転換してもらったり、アンガーマネジメント講座で自己コントロールの方法を学んでもらったりする。そうした活動の中で介護者同士が仲良くなれば、『ああ、私だけじゃなく、他の人も同じように大変なんだ』と思えるようになり、悩みを打ち明けられるようになる。市が率先してそういう取り組みをすることで、介護者の負担を大幅に減らすことができるのです」

花巻市のこうした取り組みは、モデルケースとなって県外にも広まりつつある。その一つが、東京都杉並《すぎなみ》区にあるNPO法人が運営する「ケアラーズカフェ in 都会の実家」だ。ここに介護者たちが集まり、情報交換をしたり、リラックスしたりすることができるようにしているのだ。市が主導して行っていたことが、民間へ拡大した例といえるだろう。

久保田氏の言葉である。

「高齢者虐待の原因は、介護の負担だけにあるわけではありません。それでも、介護者支援が、高齢者と介護者の負担を取り除き、虐待の要因を一つでもなくすことができるのであれば、やる意義は大きいのではないでしょうか」

花巻市では、二〇一一年に介護相談員が訪問した実人数は九六二人だった。それが八年後の二〇一九年には五八一人に減った。高齢者全体の数が増えていることを考えれば、数字以上の減少だと言えるだろう。

高齢者虐待はいくつもの問題が複雑に絡み合って起こるものだ。だが、行政や民間が協力して少し環境を変えるだけで、当事者の負担が大幅に軽減されることも事実だ。介護問題が深刻になっていく中で、花巻市の取り組みが持つ意義はこれまで以上に大きくなっていくだろう。

（二〇二〇年取材）

腐朽する肉体——孤独死

業界のクリーン化

一年に約三万件。これは現在、日本で起きている孤独死の推計数だ。

家で一人きりで亡くなっても、すぐに遺体が発見されるわけではない。数週間から数カ月かかることもあり、そうなれば遺体は原形を留めぬほど腐敗してしまう。

そうした遺体の後片付けのために部屋を清掃したり、腐臭の染みついたたくさんの遺品を整理したりする人たちがいる。「遺品整理・特殊清掃」といった事業を手掛けているプロフェッショナルたちだ。

近年、孤独死の増加に伴って、こうした仕事の需要が増加し、地域によっては飽和状態にまでなっているという。彼らが日々足を運び、向き合っている現実から、今の日本の姿を見てみたい。

北海道は、自治体レベルでの孤独死の調査に熱心なところだ。面積が広い上に、地方では住居が点在しているために、孤独死のリスクが高いことも背景にあるだろう。

その北海道で遺品整理や特殊清掃の事業を行っている企業の一つが、「I'M YOU（アイムユー）」だ。本社は室蘭《むろらん》市にあるが、道内の各市へも積極的に出向いて業務を行っている。

この会社で代表取締役を務める酒本卓征《さかもとたかゆき》氏（42歳）は、北海道の出身で礼儀正しい人物だ。酒本氏は元自衛官という異色の経歴を持っている。二十代半ばで退官した後は、民間の生命保険会社に転職し、営業マンとして実績を残してたちまち管理職にまで上り詰めた。だが、現場から離れて部下の指導や事務処理に追われる日々がつづくうちに、酒本氏の胸にこんな気持ちが膨らむようになった。

――もっと人の人生の役に立てる仕事をしたい。

自衛官の時は国を守っているという意識があったし、営業マンの時はクライアントに寄り添っているという意識があった。だが、管理職についてからは、目先の事務仕事に追われるばかりで充実感が小さかった。

そんなある日、酒本氏は何気なく見ていたインターネット動画に目を奪われた。その動画は遺品整理や特殊清掃の仕事を紹介するものだった。彼は、この仕事なら人の役に立てるのではないか、と思った。求人広告を探して神奈川県にあった専門業者を見つけると、生命保険会社を辞めてしばらくそこで働いてみることにした。

半年ほどこの会社に身を置いて感じたのは、遺品整理や特殊清掃の業界が大きな変革期を迎えているということだった。かつてこの業界はコンプライアンスの意識に乏しく、遺品整理のゴミを山や川に不法投棄して処理代を懐に入れたり、遺品の中の金目の物（宝石、切手、高級時計、現金など）を着服したりすることが常習化していた。

だが、日本で高齢化が進み、遺品整理や特殊清掃に参入する業者が増えるにつれて、業界はクリーン化が急務となっていった。社会から必要な事業と見なされ、他社と競合して打ち勝つには、コンプライアンスを重視し、真っ当なサービスを提供しなければならなくなったからだ。

酒本氏はそうした機運があるのを確かめてから、業界への参入を決めた。事業としての将来性はもちろん、自分が仕事に求めていることと一致していると考えたのだ。そして二〇一五年、彼が地元の室蘭市に設立したのが同社だった。

部屋に散らばる人生の残骸

現在、遺品整理業界は高齢化と核家族化の波の中で、右肩上がりだと言われている。酒本氏はその実感を次のように述べる。

「うちは遺品整理と特殊清掃共に事業としてやっており、割合的には三対一くらいで遺品整理が多いです。実家に取り残された高齢者が亡くなって遠方に暮らす親族から『行けないので片付けをしてほしい』と頼まれたり、アパートの大家さんが『住人が孤独死したので来てもらいたい』と言ってきたり、依頼の形はそれぞれです。依頼者の大半はご遺族か、集合住宅の大家さんや不動産店。たまに市から話が来ることもあります。この場合は、市営団地などで住民が亡くなったケースです」

　遺品整理とは、故人が残した大量の遺品を整理する仕事だ。遺族が遠方に住んでいて故人の所有物を整理することができない、遺族が高齢で体に負荷のかかる作業ができない、亡くなった方の家がゴミ屋敷になっていて片付けに危険が伴う。そうした理由で業者に話が舞い込んでくる。

　また、依頼されて行ってみた家が、ゴミ屋敷になっていることも少なくない。故人が認知症だったり、知的・精神障害があったりすると、長い一人暮らしの中でゴミが何トンも溜《た》まってしまうのだ。こうなると素人《しろうと》による清掃は不可能だ。

　酒本氏は語る。

「遺品整理の仕事は簡単そうでいて、特殊な知識や装備が必要なんです。ゴミの中にカミソリの刃やガラスの破片が混ざっていたり、ポケットの中に糖尿病のインシュリンの注射器が入っていたりします。それによる針刺し事故から感染症になるリスクがあります。これを防ぐには、感染症の知識を身につけ、一セット一万円以上する業務用手袋、ゴーグル、それに特殊なマスクを用意しなければならず、その他の装備品だけでも数万円になります。素人がアルバイト感覚でできることではないのです」

　酒本氏にとって忘れられない現場がある。ある一軒家で独居の老人が亡くなった。この老人は認知症を患っていたらしく、家はゴミ屋敷になっていたため、親族は自力でやるのを諦め、酒本氏に遺品整理の依頼をした。

後日、酒本氏が家を訪れたところ、想像を絶する光景が広がっていた。玄関から廊下、そして各部屋に至るまでゴミが二メートルくらい山づみになっており、歩くこともできない状態だったのだ。

食品についている賞味期限の表記を見たところ、ゴミは一七、八年前から放置されていたようだった。床には巨大なゴキブリやネズミが駆け回り、あちらこちらに蜘蛛《くも》の巣が張られ、すさまじい悪臭が充満している。

酒本氏が感染症予防のマスクや手袋をつけて、一つひとつゴミを片付けてトイレにたどり着くと、目を疑うような光景が広がっていた。トイレの床が抜けており、そこに大便の入ったビニール袋が何百と投げ込まれていたのだ。壊れたトイレを修理せず、ビニール袋に用を足して投げ込んでいたのだろう。

キッチンの光景も強烈だった。転がっていた麦茶用の一・五リットルの容器を見てみると、中には大量の尿が入っていた。アンモニア臭のするティッシュペーパーが山になっているところを見ると、麦茶用の容器を尿瓶《しびん》として使って中身をキッチンに流していたらしい。

さらにゴミをまとめて奥へ進むと、天井まで重なったゴミの向こうから、もう一つ部屋が出てきた。４ＬＤＫだと思っていたのだが、ゴミに隠れて部屋が一つ見えなくなっていたのだ。

酒本氏がドアを開くと、不思議とその部屋だけきれいに片付いていた。どういうことなのか。よく見ると、子供用の勉強机があり、棚には児童書やおもちゃが並べられている。ついさっきまで子供がここで遊んでいたかのようだ。

清掃が終わった後、親族にこの家には子供がいたのですかと尋ねた。すると、故人は若い頃に幼い子を失《な》くしたことがあったと教えられた。きっと故人は亡くなったわが子を愛するあまり遺品を捨てることができず、何十年も子供部屋をそのままにしていたのだろう。そうこうするうちに、ゴミ屋敷となり、子供部屋の入り口がゴミに埋もれて入れなくなってしまったのだ。

酒本氏の言葉である。

「この家から出たゴミの量は二〇トンくらいでした。大型トラックでも運びきることができない量です。子供部屋を見たこともあって、この家の住人が十数年も、どんな気持ちでゴミに埋もれて生活されていたのかと想像すると心が痛みました。

昔だって高齢者が心を病むことはありましたが、親族や友人のサポートがあったからゴミ屋敷にならずに済んだ。でも、今は違います。そうした親密な関係がなければ、家は家主が心を病んだ途端にゴミ屋敷になってしまう。そういう意味では、現代に特有の問題だと言えるかもしれません」

きっと酒本氏の言う通りなのだろう。だからこそ、遺品整理という新しい業種が現れたのだ。

「最期」の処理

次に、酒本氏が手掛けているもう一つの事業「特殊清掃」について見てみたい。

日本では約八割の人が病院のベッドの上で死を迎えている。そこでは医療者や親族に見守られ、死後はすぐに死亡診断書が作成され、葬儀の手配が進められる。多くは一週間以内に火葬が終了する。

だが、家で孤独死した人は異なる。発見が遅れれば遅れるだけ遺体の腐敗が進むだけでなく、人体の六〇%を占める血液を含む水分が体外へと漏れ出ていく。寝室で寝たまま亡くなった場合は、そのような体液が布団を汚すだけでなく、畳やフローリングの下まで染みていく。浴槽で亡くなったケースだと、湯の中で肉体が溶解してドロドロの状態になる。首吊り自殺に至っては、頭部がちぎれて胴体と分離する。何も脅かそうとして書いているのではなく、すべて実際に起きていることなのだ。

一般的に、家でこのような変死体が発見されると、警察が呼ばれて事件性がないかどうか検視が行われることになる。この際、警察は遺体を検案のために運び出すことはあっても、汚れた部屋の片付けは一切しない。それは警察の役割ではないのだ。そのため、床や壁にこびりついた体液、大量に発生した蛆虫《うじむし》、部屋に染みついた強烈な腐臭、散乱する頭髪などは放置される。

親族であっても、このような部屋を自力で元通りにするのは難しい。そもそも、特殊な用具や薬品を使用しなければ悪臭や汚れを取り除けない。この時に呼ばれるのが、特殊清掃業者なのである。

酒本氏の言葉である。

「特殊清掃は、遺品整理よりもはるかに困難な仕事です。現場の悲惨さに慣れることはもちろんですが、脱臭においても特別な技術が必要になってきます。長らく放置された遺体の死臭は相当なもので、床下にまで染み込んでしまうと、ちょっとやそっと洗浄したり、市販の消臭剤をかけたりするくらいでは、取り除くことができないのです」

遺体の体液が発する臭いは、故人が生前にどのような食生活や病気、薬の服用をしていたかによって異なるという。たとえば長らく抗がん剤治療を受けていた人は薬品臭がするし、糖尿病で亡くなった人はケトン臭（甘酸っぱい臭い）がするという。そしてそれらの臭いを取り除くには、専門の知識と道具が必要になるそうだ。

また、特殊清掃を依頼される場所も家とは限らない。たとえば、ある人が車で山奥まで行き、そこで練炭自殺をしたとする。遺体発見まで日数がかかれば、その間に遺体は腐敗して車内を汚してしまっている。遺族がその車を転売するために清掃しようとしても、一般的なカークリーニング業者では難しく、特殊清掃業者のスキルに頼らざるをえない。

酒本氏は言う。

「遺体の臭いを取り除くには、専門的な知識が必要になります。ただ、そうした情報は国内にほとんどないのです。そこで私は海外の文献を漁《あさ》って勉強をしました。欧米は日本に比べて特殊清掃の歴史が長く、いろんな情報があります。そこから自分で学んでいったのです。

残念ながら、日本の特殊清掃業者の中にはそうした専門知識を持たないところも少なくありません。特にリサイクル会社がサイドビジネスなんかでやっているケースでは、ご遺体の体液が床下まで行っているのに、床の汚れをちょっと拭《ふ》いて市販の消臭剤を吹きつけて終わりにすることがある。これで臭いが取れるわけがありません」

依頼者が何も知らなければ、業者から「これ以上は不可能です」「あとは床下をすべてリフォームで変えるしかありません」と言われればお手上げだ。それで新たに酒本氏のところに依頼が寄せられる。

酒本氏はつづける。

「このような案件があれば、うちでは床ごとはがして特殊な薬品で清掃をします。床下にまで汚れと臭いが染みついているからです。状態がひどければ、床下の木材の臭いがついた部分を削った上で、それをしなければならないこともあります。遺体の汚れや臭いを取り除くには、そこまで徹底的にやらなければならない。

これだけのことをするには、それなりの時間と費用がかかります。お客様の中には『安いから』という理由で特殊清掃の業者を選ぶ方がいます。しかし、この業界では〝安かろう、悪かろう〟が普通にあるので、慎重に業者を選択しなければなりません」

特殊清掃が専門性を求められる仕事だからこそ、どこに依頼したかによって成果が著しく異なるのだ。

孤独死の落とし穴

数多くの特殊清掃の現場を見てきた酒本氏が、近年案じているのがペットを飼っている独居老人だ。お年寄りは一人暮らしの寂しさから、犬や猫などをペットとして迎え入れる。だが、飼い主が突然倒れて亡くなった場合、家に閉じ込められたペットは空腹に耐えかねて、遺体を食することがあるのだ。

酒本氏が特殊清掃の依頼を受けて現場に入るのは、警察が遺体を運び去った後だ。だから、遺体がどういう姿かはわからないが、死後何カ月も経っているのに、ペットが生き残っていたり、床に大量の糞《ふん》が散らばっていたりすれば、遺体が食されたであろうことは想像がつく。

問題は、このペットをどうするかだ。遺《のこ》された親族や家主にとっては、主人を食べて生き残ったペットを飼う気には倒底なれない。そこで特殊清掃業者にゴミと一緒にペットの処分も頼む。

特殊清掃業者にとって、これは手間のかかる負担の重い仕事だ。まず動物保護団体のところへ連絡し、引き取りを依頼する。そこが承諾してくれればいいが、そうでなければ保健所へ連れていくことになる。ただ、最近は保健所が殺処分を減らすために、動物保護団体を複数箇所回って断られたという証明がなければ、受けてもらえなくなっている。そのせいで、業者は何軒もの保護団体を回らなければならなくなる。

酒本氏は言う。

「お年寄りが寂しさからペットを飼う気持ちはわかります。しかし、親族がペットに食べられてしまったご遺体を見た時のショックは計り知れません。独居のお年寄りには、きちんとそこまで考えてペットを飼うかどうかを決めてほしいと思います」

こうした悲惨な現場に足を踏み入れ、仕事をする業者の人たちの精神的な負担は大きい。酒本氏は従業員を守るために細心の注意を払っているという。

少し前も、酒本氏はそんな現場に出くわした。浴槽に入っている時に突然死した人の特殊清掃を依頼されたのだ。酒本氏が家に行ったところ、遺体は死後何週間も経て発見されたために跡形もなく溶けてしまっていた。警察は骨や肉の塊こそ運んでいったものの、浴槽の水は体液で赤茶色に変色し、頭髪や体毛などが大量に浮いていた。

酒本氏はそこに手を差し入れ、排水口に溜まった固形物を取り除かなければならなかった。その中には、警察が忘れていった指が残されていた。遺体の指は業者が勝手にゴミとして捨てることができないので、警察に連絡をして持っていってもらうことにした。

気が遠くなるような仕事だが、特殊清掃業者の従業員だからといって誰もがこうした現場に対応できるわけではない。酒本氏は現場に社員を派遣する場合は、事前に状況を詳しく説明し、できるかどうかを確認するそうだ。悲惨な光景に慣れない人は、いくらやっても慣れないらしい。

酒本氏はなぜ、この仕事をつづけられるのか。彼はこう答えた。

「困っている人がいて、自分がその手助けをできるならやりたいという気持ちが一番です。仕事というのもありますが、やはり人の力になりたいという気持ちがあるから、できているのだと思います。故人だって浴槽で亡くなりたくて亡くなったわけじゃありませんし、親族だって自分一人で片付けたくても片付けられない。それなら僕が代わりに行うことで、みなさんの役に立ちたいのです」

人のためになる仕事をしたい。そんな酒本氏にとって、遺品整理や特殊清掃の仕事は自分を必要としてもらえる場であり、自分を役立てられる場なのだ。

酒本氏はつづける。

「僕としては、誰もが一度は人生の終わりの光景を想像しておくべきだと思っています。特に中高年はそうです。遺品をどうするのか、ペットをどうするのか、仕事の処理を誰に頼むのか、その費用をどうするのか。きちんと自分の死後のことを考え、やるべきことをやっておきさえすれば、周りの人はつらい思いをしなくて済むのです」

人は他者によって生かされている。だからこそ、自分が死んだら終わりではなく、死後に周りの人たちに負担をかけないように、できることをしておくことが大切なのだ。遺品整理や特殊清掃の現場に身を置いているからこそ、酒本氏の言葉が重く響く。

インタビューが終了した後、私は酒本氏を食事に誘おうと思っていた。だが、彼は急いで作業着の上にコートを羽織って言った。

「これから遺品整理の仕事が一件あるんです。今から行ってきます」
今日も深い悲しみを湛《たた》えた現場が酒本氏を待っているのだ。

（二〇二〇年取材）

第二章

過ぎし日の記憶

海の怪物との戦記――捕鯨

戦後の飢餓の救済者

和歌山県太地町《たいじちょう》の丘の上にある東明寺《とうみょうじ》の境内には、大きな鯨《くじら》の供養碑《くようひ》が建っている。江戸時代に作られたものだ。

太地町は、一六〇六年に日本で最初に古式捕鯨をはじめた町とされており、一六七五年に網にからめた鯨に銛《もり》を打つ「網取り法」が考案されてからは、捕鯨の規模は飛躍的に伸びた。それから今に至るまで四〇〇年以上も町の人たちは鯨と共に生きてきたのである。

鯨は、赤身はもちろんのこと、脂から臓物、そして骨まで利用できないところはないといわれている。脂は鯨油として燃料や洗剤に、骨は装飾品や肥料として重宝され、漁師たちの生活に欠かせないものだった。

太地町漁業協同組合参事の貝良文《かいよしぶみ》氏（59歳）は語る。

「太地町は、鯨によって成り立っていた町でした。町で捕鯨の漁師といえば花形で、船が鯨を揚げれば市場のサイレンが鳴り、町の人たちが大勢駆けつけて、解体を見守ったものです。明治時代以降は、大型船を使った西洋式の捕鯨法が主流になりましたが、小型船を使った昔ながらの方法も大切にされてきたんです。家庭の食卓に鯨肉が出るのは日常で、私が子供の頃は、すき焼きで食べる肉といえば鯨かイルカでした。そしてこの町から日本中に鯨食が広がり、日本人の食を支えていたのです」

今の日本の若者は、鯨やイルカを食べる習慣はあまりないだろう。だが、戦後から高度経済成長期にかけて日本人の重要なタンパク質源だった。

太地町は二〇〇九年に公開された、イルカ漁批判のドキュメンタリー映画『ザ・コーヴ』の舞台となったことで、不本意にも世界的な批判の矢面《やおもて》に立たされた。それ以降、町の人たちは目立たないように注意を払いながら、ひっそりと鯨漁を行ってきた。

地方の港町は、メディアによってしばしば高齢社会の象徴として取り上げられることも多い。太地町という小さな漁師町を通して、そんな高齢者たちがどんな人生を送ってきたのかを、捕鯨の歴史をふり返りながら見ていきたい。

太地町は、熊野灘《くまのなだ》の岬《みさき》の間に位置する、人口三〇〇〇人ほどの小さな港町だ。戦後の一番多かった一九七〇年代でも、人口は四五〇〇人ほどで、住民の大半が漁師や水産工場など海とかかわる仕事をしてきた。

太地湾の先に広がる太平洋には、マッコウ鯨などの巨大な鯨から、ゴンドウ鯨やイルカなど五メートル以下の小型の鯨まで生息している（鯨とイルカは同じ鯨類で、一般的に四メートル以上が鯨、それ以下がイルカとされる）。戦前から、町の漁師たちは近くの沖で漁をするだけでなく、遠洋漁業といって大型船に乗り、南氷洋（南極海）などで何カ月も過ごす長期の漁によって鯨を獲ってきた。

太地町漁協組合の組合長・脊古輝人《せこてると》氏（74歳）は、戦前に南氷洋で漁をしていた父親について、次のように語る。

「戦前、林兼商店（のちのマルハニチロ）は大型の三隻の鯨船を所有していて、うちの親父はそのうちの一隻に乗って、南氷洋へ行っていた。この町の男子の憧れは、捕鯨船に乗ることだった。今で言えば、子供がスポーツ選手になりたがるのと同じ。特に捕鯨砲で銛を撃ち込む『砲手』となればヒーローだよ。船の中で砲手は船長より立場が上で、給料もすごく良かった。僕も幼い頃から漠然と砲手になりたいという気持ちを持っていたね」

当時の伝説めいた話では、南氷洋へ三回行けば家が建つといわれており、中でも砲手は「神」と称される存在だった。

そんな太地町の鯨漁に暗雲が立ち込めるのは、太平洋戦争の時代だった。和歌山沖が日本軍の軍艦や輸送船の通り道となり、米軍からしきりに攻撃を受けるようになったのだ。

漁業組合の元組合長である本橋俊之《もとはしとしゆき》氏（90歳）は、水産学校を出た後、十六歳で漁師になった。当時のことを次のようにふり返る。

「戦時中は、空には米の戦闘機が飛び、海には潜水艦がいて、日本の船を見つけると次々と攻撃してきた。民間の船だろうと何だろうとお構いなしだ。だから、俺たち漁師は真夜中にこっそりと港を出て、命懸けで鯨漁をしなければならなかった。真っ暗な海で明かりもつけずにマッコウ鯨を獲り、明るくなる前に大急ぎで港にもどってくる。もちろん、怖かったよ。でも、そうしなければ食べ物がないんだからどうしようもないだろ」

そんなある日、恐れていたことが起こる。その夜、本橋氏はいつも通り三隻の船で真っ暗な海に、捕鯨のために出港した。しばらくすると、本橋氏の乗っていた船のエンジンが故障して止まったので、慌てて修理をして二隻を追いかけた。

追いつこうと速度を上げていた時、突如として沖で爆音がし、水しぶきが上がった。米軍の潜水艦に発見され、先を行っていた二隻が魚雷攻撃を受けたのだ。慌てて港へ引き返したものの、一隻が撃沈され、十数名の漁師が命を落とした。もし船が故障していなければ、本橋氏が巻き込まれていてもおかしくなかった。

一九四五年、太平洋戦争が終結した。漁師たちはやっと安全に漁ができるようになった。すると、どの船も信じられないくらいの数の鯨を獲った。戦時中で漁が満足にできなかったことで、鯨が頭数をぐんと増していたのだ。他の魚も同じだった。

町で行われた捕鯨は、戦争未亡人となった女性たちの生活を支えることにもなった。港で解体を終えた鯨の骨には、まだいくばくかの肉がついている。町の戦争未亡人たちには、その肉を優先的にそぎ落とし、量り売りをする権利を与えられていた。それが彼女たちの生活費となっていたのである。

本橋氏は語る。

「大戦が終わったばかりの頃、日本はものすごい食糧難で相当な数の餓死者《がし》が出ると言われていたんだ。この時代に、日本人の胃袋を満たしたのが、鯨だった。今みたいに外国から牛肉や鶏肉を大量に輸入するなんてことができない時代だろ。だから、鯨でタンパク質を摂るしかなかった。沖合の鯨を獲っているだけじゃ足りないので、大型の捕鯨船に乗って南氷洋、あるいは北氷洋（北極海）へ行って鯨を獲った。これで日本国民の飢えを防ぐことができる。そう思って仕事をしていると、自分たちが日本という国を救っているような気分だった」

戦後は、支配していたアジア諸国からの食糧の輸入が途絶えたばかりか、枕崎台風などによる災害や帰還兵の増加によって、戦時中とは比べ物にならないくらいの食糧危機が国内を襲っていた。そんな頃に、日本人の貴重なタンパク質源となったのが、大量に獲れて安価で市場に流通する鯨肉だったのだ。後に給食用として鯨肉の竜田揚げが広まったのは、こうした経緯からだ。

ただし、南氷洋や北氷洋の遠洋捕鯨は、若い頃の本橋氏をしても、耐えがたいほどの厳しい仕事だったらしい。一度港を出れば半年間は帰ってこられず、船内では船員一二〜一四人が床で雑魚寝をする。煙草《たばこ》も酒も禁止で、外の気温はマイナス数十度。白夜の間は二十四時間態勢で鯨を探すことになっており、砲手による捕鯨砲の発射音が鳴り響けば、睡眠中でも飛び起きて漁に参加しなければならない。まとまった睡眠時間を確保することさえままならなかった。

本橋氏は言う。

「捕鯨船に乗ったことで大金が入ってきたし、町でも一目置かれる立場にはなったけど、白夜での漁だけは今思い出しても本当にきつかった。やっぱり寝られないというのが一番だね。それでも太地町に生まれた僕らには、そうやって生きることしかできなかったし、食糧不足の日本を支えているという誇りみたいなもんでつづけていたように思う」

戦後の思い出

本橋氏とは別に、戦後に南氷洋での捕鯨をしていた人物に小貝佳弘《こがいよしひろ》氏（78歳）がいる。

小貝氏は太地町の漁師の息子で三男として生まれたものの、上の兄二人は生まれつき体が弱かったこともあり、中学を卒業した年の三月に、すぐに漁師となった。最初は小さな船で四月は伊勢《いせ》エビ漁、五〜六月はアオリイカ、夏はアジやサバといった魚を狙っていた。

小貝氏は回想する。

「捕鯨といえば、沿岸捕鯨より南氷洋が花形でした。太地町の漁師として尊敬されるのは鯨漁にかかわる人です。それ以外の仕事が悪いというわけじゃないけど、鯨だけは別格なんです。僕は漁師になったばかりの頃は小型船に乗っていたので、ずっと捕鯨船に移りたいという憧れを抱いていました」

そんなある日、近所に住んでいたおじが小貝氏のもとにやってきて、南氷洋へ行く捕鯨船に乗らないかと声をかけてきた。このおじは、幼い頃から小貝氏が鯨漁の漁師になりたいと言っていたのを聞いて、いつか自分が偉くなったら捕鯨船に乗せてやると約束していた。それを覚えていてくれたのだ。小貝氏はその場で承諾した。

南氷洋へ向かう船団は巨大だ。まず一隻の母船に、キャッチャーボートと呼ばれる捕鯨船が七〜八隻ある。さらに探鯨船と、捕鯨船が獲った鯨を母船に運ぶための曳鯨船《えいげいせん》が三〜四隻。他にも、その時々で仲積船（冷凍運搬船）とタンカー船が合流する。

小貝氏が乗っていた捕鯨船は、一隻に二四人の乗組員がいた。出発するのは毎年十月。赤道を通る際に「赤道祭」といって船のデッキを飾って酒を酌み交わす儀式を終えると、日に日に気温が下がっていく。海に流氷や氷山が見えてくれば、いよいよ南極だ。

探鯨船が鯨の群れを見つけると、船団は船団長の指示を受けて一気に動きはじめることになる。漁では、まず砲手が鯨の体に銛を撃ち込み、息の根を止める。その後、鯨を船の傍に引き寄せて、尻尾にロープを巻きつける。そのままにしていると重さで海中に沈んでしまうので、いったん鯨の体内に空気を入れて、曳鯨船で母船へと引っ張っていく。母船に鯨を上げた後は、船員たちが手際よく解体を行い、鯨肉を仲積船につみ替えて、陸へと送る。多ければ、日に三〇〜四〇頭の鯨が獲れた。

極寒の海ではトラブルも絶えない。捕鯨に使うロープが足に絡まって、海に転落して行方不明になった人、捕鯨砲の火薬が爆発して大怪我《おおけが》をした人など、人命にかかわる事故もあった。また、南極が暴風雨に見舞われ、何日間も凍死寸前の生活を余儀なくされることも少なくなかった。

小貝氏によれば、そんな船での楽しみは、食事だったという。彼は次のように語る。

「南氷洋では、鯨の肉は何でも食べられましたよ。おいしいのは、なんといってもナガス鯨ですよ。現在は自由に獲れなくなっているけど、目ん玉が飛び出るくらいにうまい。刺身も、すき焼きもいいけど、ステーキが最高。これを食べている時は、本当に幸せでしたねぇ。船には冷凍の牛肉もあったけど、ナガス鯨の方が桁違いにうまかった」

他には、日本からやってくる連絡船が思いがけないプレゼントを運んでくることがあった。家族が漁師たちに手紙や小包を送ってくれるのだ。小包には、日本のお酒やお菓子、そして手紙が入っていた。家庭のある漁師たちは、妻子からの手紙を飾っておいて一日に何度も読み返す。若い漁師たちはそれを見て、自分も早く家庭を持ちたいと思ったそうだ。

小貝氏は言う。

「漁の終わりは四月です。春が来ると、ホッとしましたね。日本にもどってゆっくりするのは、二週間くらいかな。すぐにまた船に乗って、今度は北海道操業に行くんです。三陸沖から北海道まで行って、そっちで鯨を獲る。昭和四十年くらいまで、そんなふうにあっちこっちで鯨を獲っていました」

戦後の捕鯨は、南氷洋での漁が有名だが、アメリカ大陸で捕鯨をする船もあった。そうした捕鯨船の乗組員の一人が、脊古輝人氏だ。

脊古氏の父は戦前に南氷洋で捕鯨を行っていたが、戦後になってからは、日本の宮城沖でミンク鯨を獲る船に乗っていた。その後、友人数人とブラジルのサンパウロに渡り、北洋水産株式会社を立ち上げ、二隻の船でナガス鯨の漁をしていた。

息子の脊古氏は、そんな父の姿を見ていたことから自然と漁師の仕事に興味を抱き、水産高校に進んだ。卒業後は国内で働いていたが、一年後に知人から誘われて、三年契約で兄といとこの三人でサンフランシスコへ渡った。そこでアワビやニシンにかかわる仕事をしながらアメリカの永住権を取得した。

契約が終了した後、次の職場として脊古氏が選んだのが、イタリア人がオーナーを務める捕鯨船だった。デイニス・ゲール号という一一〇トンもある巨大な船で、そこで砲手を務めていたのが、たまたま太地町出身の四十代の男性だった。脊古氏はこの船に乗り、同郷の男性に捕鯨のイロハを教わりながら働いた。

脊古氏は語る。

「アメリカでの捕鯨は、四月末から九月までがシーズンで、毎日朝三時に出航していたね。船はおんぼろだったけど、ナガス鯨、イワシ鯨、マッコウ鯨なんかを獲っていた。あっちの鯨はメキシコ湾で子供を産んだ後、寒いアラスカへ向かうんだ。その途中で待ち伏せして捕まえていた」

現在、アメリカは反捕鯨の盟主のような存在だが、一九六〇年代から七〇年代にかけては日本を上回る捕鯨大国だった。ただ、アメリカ人は日本人と違って鯨を食べる習慣はないので、その肉を家畜用の餌として利用していた。

彼はつづける。

「アメリカ人にとって鯨肉は家畜やペットの餌という認識なんだ。だから、俺たち日本人が解体場へ行って、ここの部位をくれないか、と言えばいくらでももらえた。好物は、ナガス鯨の尾の身（背びれから尾びれまでの部位）だ。これをステーキにして食べる。霜降りがすごいから、鍋にそのまま乗せるだけで、ジュワーと音を立てて巨大なステーキができあがる。最初アメリカ人は、俺たち日本人が鯨肉を食べているのを見て野蛮だと思っていたらしいが、俺たちに勧められて一口食べたらあまりのおいしさに驚いて、それからは食べまくっていたよ」

日本では鯨肉はキロ単位で値がつけられるが、アメリカでは長さで価格が決められていた。そのため、アメリカの漁師たちは肥えている鯨より、細長い体躯の鯨を狙う傾向にあったという。

そんなアメリカの捕鯨を一変させたのが、一九八二年にＩＷＣ（国際捕鯨委員会）で商業捕鯨モラトリアムが採択されたことだった。加盟国の商業用捕鯨が一時停止されることになったのだ。アメリカはそれを受け入れ、一九八七年には捕鯨の全面禁止を決めた（日本は調査捕鯨という形で捕鯨をつづける）。

アメリカ政府は、国内の捕鯨を行っている会社に対して補償金を支払って、別の漁に切り替えるよう求めた。脊古氏が属していた会社もそれに応じ、船員にそれぞれ数十万円を支払うと、オヒョウ（カレイ科の巨大魚）の漁に方向転換した。

脊古氏はこれを機に会社を辞めた。その理由を次のように語る。

「やっぱり太地町に生まれ育ってるから、鯨への思いが強かったんだろうね。オヒョウ漁には、あまり関心がなかった。これからどうするかなって考えていたら、カリフォルニアに住む日系三世の漁船のオーナーから声をかけられた。マグロ漁でイルカが網に引っかかってしまうので、それを逃がす仕事をしてくれないかと言われたんだ。俺はマグロやイルカの仕事ができるならと思って、そっちに転職することにした」

マグロとイルカは、イワシを餌にしているので同じ場所にいる。そのため、巻き網でマグロを獲ると、漁を禁じられているイルカまで引っかかってしまう。そのイルカを、網から外して逃がせる人が必要とされていたのだ。

だが一年後、カリフォルニアではイルカの命を奪うという理由で、マグロの巻き網漁までもが禁止された。再び職を失った脊古氏は、アメリカを離れ、故郷の太地町に帰ることを決めた。

新しい捕鯨文化の誕生

高度経済成長期が終わる一九六〇年代の半ばには、日本の食卓には鯨肉が当たり前のように並ぶ食文化ができ上がっていた。その一方で、国内外で生産された牛、豚、鶏といった肉が流通するようになったり、洋食文化が浸透したりすることで、鯨肉の需要が相対的に減っていった。

それまで南氷洋の厳しい環境で働いていた漁師たちが、捕鯨船を下りるようになったのはこの頃だった。前出の小貝氏が鯨漁を止めたのも一九六〇年代の半ばだった。彼はこう語る。

「南氷洋で秋から春まで半年働いて帰国したと思ったら、ろくに休みもとらずに今度は北海道へ大型鯨を獲りに行く。そんな日々のくり返しでした。たしかに給料はいいんですけど、さすがに何年もそうやっていると、体のあちらこちらにガタがきますし、体力の限界も感じるようになる。それで捕鯨船を下りて、年を取った親父の漁を手伝っていくことにしたんですよ。季節ごとにアジ、ムロ、サバ、伊勢エビなんかを獲っても、十分に生活できた。おかげで結婚もでき、二人の娘にも恵まれました」

太地町では戦中から戦後生まれの若者たちは、体力のある二十代のうちは捕鯨船でがむしゃらに働き、三十代になってからは別の漁業に切り替えて、家庭を持つのが一つの習わしになっていたらしい。

また、当時はＩＷＣを中心にして世界的に捕鯨への締め付けが年々激しくなっていた時代でもあった。日本でも、鯨肉の消費量が最大だった一九六二年には二三万トンに達していたが、わずか一〇年ほどの間に約半分の一三万トンにまで落ち込んでいたのである。

このことに危機感を覚えていたのが、太地町町長の庄司五郎《しょうじごろう》氏だった。世界的な流れは変えられないにせよ、太地町は鯨と共に繁栄してきた町だ。捕鯨産業の衰退は、文化そのものの衰退を示している。

庄司氏は発想を変え、鯨を利用した観光事業を興して町を活性化させようとした。町に「くじらの博物館」を建て、太地町の捕鯨の歴史から鯨の生態を研究・紹介できるようにしたのだ。

この際の肝煎りの計画が、くじらの博物館で鯨やイルカを育てることだった。後年、それが日本全国のイルカショーを支えるものになるのだが、当時は鯨やイルカを生け捕りにして、狭いプールで飼育することは極めて困難だとされていた。

町長からこの難題を解決するように頼まれたのが、太地町で漁師をしていた前出の本橋氏だった。

本橋氏は北氷洋と南氷洋で捕鯨船に乗った後に太地町にもどり、兄と弟の三人で地元の沖でイルカの「突きん棒」漁をしていた。船を走らせていると、イルカは生来の習性で追いかけてくる。それを、銛で突いて獲るのが突きん棒漁だ。本橋三兄弟はこの漁で、多い時は日に三〇頭ものイルカを獲っており、自ら「イルカ突きん棒組合」を結成するまでになっていた。こうしたこともあって、町長は本橋氏にイルカの生け捕りを依頼したのである。

彼は当時のことを語る。

「最初に、イルカを生きたまま博物館に運んできてくれと頼まれた時はびっくりしたね。イルカって何かあるとすぐパニックになって死んでしまうんだ。それだけ繊細な生き物なの。だから、生け捕りにすることはもちろん、プールで飼い慣らすなんてできるわけがない。でも、町長から頼まれたら『嫌です』とは言えないので、とりあえず引き受けることにしたんだよ」

本橋三兄弟が考えたのは、後に「追い込み漁」と呼ばれる手法だった。古くから太地町では、船で鯨やイルカを湾の浅瀬に追い込んだ後、銛で突いて獲る漁が細々と行われていた。本橋三兄弟はその手法を使ってイルカを浅瀬まで追い込み、生け捕りにしようとしたのだ。

最初はなかなかうまくいかなかったが、だんだんと船の縁を棒で叩いてイルカを誘導するなどコツをつかめるようになった。ただ、浅瀬に追い込むことまではできても、そこからイルカを生きたまま捕まえるのは別の難しさがあった。

本橋氏は言う。

「イルカの群れを浅瀬まで連れてきても、博物館側が飼育用に使えるのはごく一部なんだ。特にショーに出られるのは、頭が良くておとなしい若い雌《めす》のハンドウイルカだからね。そのハンドウイルカだってちょっとしたことで死んでしまう。だから、兄たちと相談して、飼育用と選別したイルカは博物館に納め、それ以外の種類や性別のイルカは銛で突いて食用にして売ることにした。イルカは脊髄の部分をしっかりと突けば、致命傷になる。海でそれをやれば、ちゃんと血抜きができて食用としての品質も上がる。そんなことをくり返していたら、他の漁師たちも真似《まね》をするようになって、いつしか太地町で追い込み漁が広がっていったんだ」

ドキュメンタリー映画『ザ・コーヴ』では、太地町の漁師たちが浅瀬に追い込んだイルカを銛で突いて、海水が血で赤く染まるシーンをクローズアップすることで、漁の残酷性を強調している。だが、そのようなイルカ漁は、必ずしも伝統的に行われてきたものでなく、博物館ができたことによってはじまった新しい漁法だったのである。

二つの組合

太地町でくじらの博物館を中心に追い込み漁が盛んになりつつあった頃、一人の漁師がアメリカから帰国した。前出の脊古氏である。

帰国当初、脊古氏は弟と一緒に新しい船を購入し、マグロ漁を行っていた。この頃は漁獲量が定められていなかったため、二、三日で一〇〇万円以上を稼ぎ出すことも珍しくなかった。だが、他の漁師たちが真似をしはじめたことで、脊古氏は冬の間はイルカ漁に切り替えようと、本橋三兄弟が設立した「イルカ突きん棒組合」に加入した。

それからしばらくして、イルカ漁で革新的な出来事が起こる。これまでの突きん棒では、漁師が木の棒で船の縁を叩いて音を出し、イルカを浅瀬へと追い込んでいたが、音が響かず、失敗することも多々あった。そんな時、静岡県の伊豆《いず》半島で鉄の筒を叩いて行う追い込み漁があると聞き、組合のメンバーで視察に赴き、ノウハウを習得したのだ。

脊古氏は語る。

「木の棒で船の縁を叩くのと、鉄の筒を叩くのとではまったく音の大きさが違う。音に敏感なイルカは、鉄の筒を使うとまるで漁師の指示に従うように動いた。これで一気にイルカの漁獲量が増えたんだ。すごい時期には一〇〇〇頭以上獲ったと思う。ただ、みんなであまりに獲りすぎたものだから、県から漁獲量を規制されることになってしまった。ちなみに、伊豆半島の沼津《ぬまづ》市ではハンドウイルカを好んで食べるのに対して、太地町ではスジイルカの方が人気があるんだ。同じイルカでも、地域によって食用にする種類が少しずつ違うんだ」

この頃、太地町で獲れた鯨肉の価格は、以前と比べて比較にならないくらい高騰《こうとう》していた。先述したように、世界的な捕鯨禁止の動きの中で、日本は商業捕鯨を止め、調査捕鯨だけを行うようになっていた。だが、ＩＷＣによって禁じられたのはナガス鯨など大型の鯨だけであり、太地町で行われていたイルカやゴンドウ鯨などの小型の鯨は対象外だった。そのため、突きん棒漁で獲られた鯨肉は国内に流通していたのである。

そんな小型の鯨の肉の値段が上がりつづけたのには二つ理由がある。市場に流通する鯨の数が少なくなっていたことが一つ、そしてバブル景気の影響で、それまでは安い肉の象徴だった鯨が高級品になっていたことが二つ目だ。特に百貨店で行われる小型鯨の解体ショーは別格で、それまで一頭数万円で取り引きされていたイルカに二〇万円ほどの値が付いたり、ゴンドウ鯨に一〇倍近い五〇〇〇万円の値が付いたりしていた。

こうしたことを受けて、太地町ではイルカ漁を巡る熾烈《しれつ》な競争が起きるようになっていた。この頃にイルカ漁に乗り出したのが前出の小貝氏だ。南氷洋の捕鯨船を下りた後、彼は本橋三兄弟の「イルカ突きん棒組合」とは別に、漁師仲間と「追い込み組合」を結成して、新たに追い込み漁をはじめた。

小貝氏は言う。

「太地町では、追い込み漁がうまくいっているという話は有名でした。僕が幼い頃も、ゴンドウ鯨を湾に追い込んで獲る船があったから、本橋兄弟があれを復活させたんだなって思ってた。それで仲間たちと話して、一丁やってみるかということになったんです。冬に行う漁の中では収入も良かった。突きん棒組合をライバルにして、毎日どっちが多くイルカを獲るかで競い合っていましたよ。最初は一〇隻くらいでスタートしたけど、ノウハウに乏しかったこともあって、最終的には七隻くらいに減ってしまったかな」

太地町の海で、二つの組合が同じ漁法でイルカを追いかけることになったが、脊古氏によれば、経験豊富な突きん棒組合の方が技術や船の装備が抜きんでていて、漁獲量は多かったという。

ただ、同じ湾で競っていれば、両者が衝突することも少なくない。バブルによって法外な高値がついていれば、なおさらだ。どっちの組合が最初にイルカを見つけたかどうかで、争いに発展することもしばしばだった。

そうした状態を見かねたのが、当時の漁協組合の組合長だった。組合長は両者を呼んでこう言った。

「ケンカになるくらいなら、二つの組合を合併して協力してはどうか」

そして一九八八年、突きん棒組合と追い込み組合が一つになって、「太地いさな組合」ができたのである。「いさな」とは鯨のことだ。

批判にさらされた伝統文化

バブル崩壊による景気の低迷によって、太地町の鯨肉の価格は少しずつ元にもどっていった。高品質な牛肉や豚肉が大量に流通する中で、高いお金を出してまでわざわざ鯨肉を食べようという人が減っていったのだ。

それでも一定の需要があったことから、太地町の漁師たちは法律で認められる範囲でイルカや小型鯨の漁をつづけてきた。彼らにしてみれば大切な伝統文化だったし、全国の水族館に送られるイルカショー用のイルカの捕獲も行われていた。

漁業組合の参事である貝氏は言う。

「今の太地町では、追い込み漁の他、漁業組合が保有している三二トンの小型捕鯨船『第七勝丸』で調査捕鯨も行っています。三月末に出航して、十月まで国内の海を回って鯨を獲るんです。四月は宮城、五月は八戸《はちのへ》（青森県）、六月から七月は千葉でツチ鯨、八月は網走《あばしり》、九月は釧路《くしろ》と北海道を回って、十月にもう一度千葉にもどってきて漁を終える。船に乗っているのはうちの漁協の職員ですが、基本給にプラスして獲れ高による歩合給が入る仕組みになっているので、大漁の年はそれなりの高収入になります」

太地町の人口がわずか三〇〇〇人ほどであることを考えれば、捕鯨の町とはいえ、漁獲量はたかが知れている。漁師にしてみれば、合法的に伝統を守っているにすぎない。

だが、二〇一〇年にドキュメンタリー映画『ザ・コーヴ』がアカデミー賞を受賞したことで、町は予期せぬ形で批判の矢面に立たされることになった。映画の内容については賛否両論あれど、太地町は世界の言葉に耳を傾け、社会的な理解を得る努力もしている。

貝氏は話す。

「今の追い込み漁は、ドキュメンタリー映画で映されたものとは違った形で行われています。銛一つとっても、改造を重ねてきました。海外からは、銛で突いて血だらけにするのが残酷だと言われたので、マグロに使うのと同じ銛を脊髄に刺すことで、瞬時に息の根を止めることにしています。また、血で海が赤く染まらないように、刺した傷に専用の杭《くい》のような棒を入れて出血を止める工夫もしています」

本来は鯨肉の味を保つためにも素早い血抜きは必要だ。それを犠牲にしてまで、海外からの声に応えようとしているのである。

貝氏はつづける。

「なんで鯨やイルカの漁にこだわるんだという声もありますが、町の人たちは鯨と共に生きてきたのです。お寺には、鯨や捕鯨の漁師の供養塔が建てられ、鯨の骨で作ったアクセサリーをつけ、毎年くじら祭りが開催されています。姓だって『由谷』は鯨の油の加工業をしていた人、『脊古』は船から鯨に銛を投げた人、『遠見』は鯨を見つけ出す人を示しています。太地町の人にとって、鯨は切っても切り離せない文化なんです」

太地町には一般的には聞き慣れない姓の人が多い。それは姓が捕鯨から生まれているからだ。

そうしてみると、太地町では、鯨は単なる食文化の一つというより、人々のアイデンティティそのものといえる。だからこそ、この町の人々はなんとかしてその伝統を守ろうとしているのだ。

今の若い人にとって、鯨肉はなじみの薄いものだろう。食べたことがないという人もいるはずだ。

だが、太地町の高齢者は、それとはまったく違う歴史と文化を生きて、今なお小さな漁師町で暮らしているのである。


（二〇一八年取材）

黒いダイヤの孤島――炭鉱

資源を支えた島

戦後の日本の経済復興は、エネルギー産業なくしては成り立たなかったといえるだろう。日本全土で道路や鉄道といった交通インフラを整え、各家庭に電気を通し、無数の産業を成り立たせて経済大国になるには、膨大なエネルギーを必要とした。

当時、その日本のエネルギー産業の中心を担っていたのが「黒いダイヤ」と呼ばれた石炭だ。日本の地中には「炭鉱」という石炭が埋まっている鉱脈がいくつもあり、明治時代からその採掘が本格的に行われていた。その石炭が日本全国に送られ、今の石油のように使われていたのである。

九州は日本の中でももっとも炭鉱が盛んだった土地だ。福岡県の筑豊《ちくほう》、三池《みいけ》、粕屋《かすや》、佐賀県の唐津《からつ》、長崎県の北松浦《きたまつうら》などが代表的なところだ。そんな炭鉱の一つに、長崎県の神浦《こうのうら》港からフェリーで約二五分のところに浮かぶ「池島《いけしま》」がある。周囲四キロほどの小さな島だ。

九州の海は海底炭鉱が広がっていることで知られていた。海の下に鉱脈があり、膨大な量の石炭が眠っていたことから、人々は周辺の島を拠点にして、海底にまるで蟻《あり》の巣のような坑道を掘り、石炭を採掘していたのだ。

池島もそんな海底炭鉱の拠点の一つだった。小さな島の丘の上にコンクリートの巨大な団地が林立し、全国から集められた労働者約八〇〇〇人が住み込みで働いていた。その周辺には、学校、スーパー、診療所、郵便局、ボーリング場、パチンコ店、スナック、居酒屋などがひしめき、小島とは思えないほど活気を帯びていた。

だが、一九六〇年代に起きたエネルギー革命によって、主役が石炭から石油に取って代わられたせいで、国内の石炭の消費量は急激に減っていった。「軍艦島」の名で知られている端島《はしま》など、周辺の似たような島の炭鉱産業は次々と閉山し、二〇〇一年、ついに池島は九州最後の炭鉱の島としての役目を終えた。

池島は、閉山とほとんど同時にゴーストタウンとなった。住民たちがあっという間に去っていったのだ。丘の上の団地は廃墟《はいきょ》となり、家主を失った民家は倒壊し、看板や道路は伸びた雑草に覆いつくされた。潮風の吹きつける港をわが物顔に占拠しているのは、島に捨てられて増殖した猫の群れだ。

そんな朽ち果てた島には、まだ数十人の住民が肩を寄せ合うように静かに暮らしている。彼らは炭鉱時代から暮らしつづけている者たちで、高齢になった今なお、島を離れずに残っているのだ。

なぜ、彼らは池島で暮らすことを選んだのか。彼らの胸に残る島の記憶とはどのようなものなのか。

過ぎし日の思い出の中で生きる高齢者たちの話を聞くために、私は島へと渡ってみることにした。

現在、池島にフェリーに乗ってやってくるのは、池島炭鉱坑内体験ツアーを目的としたわずかな観光客くらいだ。かつての炭鉱会社がその歴史を残すために小さなツアーを開催しているのである。

まずはそんな島の歴史からふり返ってみよう。

戦後間もない頃まで、池島はわずか数十世帯の人たちが沿岸部に暮らす島だった。住民はほぼ全員が漁業を営んでおり、沖合で獲った魚を収入源にしつつ、小さな畑を耕したり、家畜を育てたりして細々と生きてきた。

そんな島に大挙して乗り込んできたのが、松島炭鉱株式会社（現・三井松島ホールディングス）だった。同社は大正時代に設立され、長崎県内にある松島や大島で海底石炭の採炭事業を行っていた。だが、周辺の島の出炭量が減ってきたことで、戦後に池島の土地を買い上げ、大規模な採炭事業を開始したのである。

九州の炭鉱として池島は新しかったことから、最新鋭の機材が運び込まれて採掘作業が行われた。全国から労働者たちがかき集められ、トロッコに乗せられて海面下約六五〇メートルまで下ろされた。そして三交代で昼夜を問わずに坑道を掘り進め、採掘した石炭をベルトコンベヤーで地上に運び、船で本土に輸送したのだ。

海底の坑道は最終的に約三万五五〇〇ヘクタールに達したといわれ、最盛期には年間一五三万トンもの石炭が採掘されていた。これほど大規模な採炭事業が行えたのは、近くに蟇島《ひきじま》という無人島があって坑道の空気孔をつくることができたことに加え、鉱山学校出身者など、プロの炭鉱マンが数多くいたためだった。

池島で炭鉱マンとして働いていた堀之内謙二《ほりのうちけんじ》氏（70歳）は語る。

「うちは父親が（福岡県）大牟田《おおむた》の（三井）三池炭鉱で炭鉱マンをしていたんです。それで幼い頃から炭鉱マンになれと言われて育ちました。高校一年の頃には、三池炭鉱で戦後最大の犠牲者を出したガス爆発事故（四〇〇人以上死亡）が起きて、大きな煙が上がるのを見ましたが、炭鉱とはそういうものだという感じで、怖いから別の仕事に就こうなどと考えたことはありませんでした。

高校卒業後、僕は父や二歳上の兄が勤めていた三池炭鉱で働くつもりでしたが、ガス爆発事故の影響で新入社員の募集が停止になっていた。それで、松島炭鉱を紹介してもらって就職することにしたんです。当初は同じ会社がやっている大島の炭鉱で働いていましたけど、出炭量が減っていて将来的には池島の方が主流になるということで二年目に転勤してきました。

昭和四十一年の同期入社は一五人いましたかね。みんな工業高校の出身で、僕みたいに福岡から来ている人や佐世保《させぼ》の学校を出た人なんかもいました。社宅はすべて埋まっていて、すでに八〇〇〇人くらいが島に住んでいたと思います」

堀之内氏は三池工業高校の電気科を卒業していたことから、就職と同時に会社では電気関連の仕事を任された。本土から五〇〇〇メートルに及ぶ海底ケーブルを通して採炭機械、坑内の照明、ベルトコンベヤーなどを動かすのだ。

電気関連の仕事の天敵は、石炭によって発生するメタンガスだった。坑道のメタンガス濃度が五〜一五%に達すると、照明の電気がショートしただけで爆発事故が起こる危険がある。そのため坑道に電気を通した後は、至る所にガス検知器を張り巡らして二十四時間態勢で監視し、メタンガスの濃度が一・五%に達するとブレーカーを落として原因を見つけなければならなかった。堀之内氏はそうやって炭鉱労働者たちの安全を守っていたのである。

松島炭鉱に就職した社員には、堀之内氏のような工業高校の卒業生の他に、松島高等工業学校という炭鉱マン養成学校の出身者も多かった。炭鉱の仕事は、間接工と直接工に分かれていた。間接工は、電気、機械、保線、通気といった技術系の仕事であり、主に工業高校や鉱山学校の出身者がこれを担い、社内では「技術屋」と呼ばれていた。

他方、直接工は石炭の採掘に直接かかわる肉体労働者たちだ。その仕事は採炭(石炭を掘る)、掘進(坑道を掘り進める)、仕繰り(坑道の天井などの補修工事)などといったものに分かれている。彼らはいわゆる「炭鉱労働者」と呼ばれている人たちで、防塵《ぼうじん》マスクをつけて泥だらけになりながら、ガス爆発の危険と隣り合わせの最前線できつい仕事を担っていた。

最盛期の光景

池島に大勢の人たちが渡ってきた理由の一つは、収入の良さにあった。特に直接工の人々は、重労働な上に命の危険が伴うこともあって実入りが良かった。採炭、掘進、仕繰りの順に高く、採炭や掘進に関しては基本給に歩合がつくので、掘れば掘っただけ給料が増える。

——島で数年働けば家が建つ。

そんな話を聞きつけ、夢を追う者、借金取りに追いかけられている者、全国を漂流している者などいろんな人たちが集まってきていた。もっとも稼いだら稼いだ分だけ酒や博打《ばくち》に使って、貯金どころではなかったという人も多いのだけれど。

脇山鈴子《わきやますずこ》氏（80歳）は、二十代で夫や子供と島に移住してきた経験を持っている。夫は炭鉱で働き、自身も社宅の食堂で働いていた。彼女は当時をこうふり返る。

「島の男の人たちは荒くれ者が多くて、毎晩飲んでいましたね。三交代の仕事ですから午前中から誰かしらそこかしこで酔っぱらって倒れている状態ですよ。炭鉱からもどって真っ黒な体を風呂で流したら、そのまま誰かの社宅に行って飲み会がはじまるんです。うちで飲み会がはじまったら大変なもんですよ。いきなり家に一〇人も二〇人もやってくるので、子供に作った夕飯をすべてつまみとして食べられてしまったこともしょっちゅうでした。

飲み会がはじまったら、二次会、三次会とつづきます。まず社宅で飲んで、次に島の部落のスナックに行く。何十軒も飲み屋さんが並んでいて、それぞれなじみのところをハシゴするんです。一杯だけ飲んで次の店に行って一晩で一〇軒以上回るということも普通でした。店にいるお客さんはみんな泥酔しているので、肩が当たっただけでケンカがはじまり、毎日あっちこっちで殴る蹴るの大騒ぎです」

島には炭鉱マンの妻が多く暮らしていたが、中には会社の電話交換手や学校の教師、それに診療所や郵便局の職員としてやってきた独身の女性もいた。

この頃は「青年婦人協議会」という独身の男女の集まりがあり、定期的に旅行、海水浴、遠足、クリスマス会といったイベントを開催していた。それが男女の出会いの場となり、結婚に至ることも珍しくなかった。

前出の堀之内氏も、青年婦人協議会で知り合った女性と結婚した過去がある。妻は島の部落で生まれ育ち、会社の電話交換手をしていた。協議会の催しで知り合い、堀之内氏の方から交際を申し込んだという。八月に池島に転勤してきて十二月には付き合いだし、一年後には結婚を誓い合ったそうだ。入籍はその翌年だった。

池島に暮らしていたことのある松浦勝代《まつうらかつよ》氏（73歳）は、それとは異なる男女の出会い方を教えてくれた。

「島の若い男の人たちは休みの日になると、船で二時間かけて佐世保の飲み屋街に繰り出していましたよ。あそこには酒屋、キャバレー、スナックなど何でもあるでしょ。その店を片っ端から回るわけ。そこで引っかけた女性と恋仲になって、島に連れてきて結婚する人もいました。

　かくいう私も、そうやって島に連れてこられた女性の一人なんですよ。四十二歳の時、佐世保の酒屋にいた時に夫と知り合って結婚したんです。もともと夫は別の女性と結婚して島で暮らしていたんですが、彼女の方が寂しさに耐えきれずに離婚して故郷に帰ってしまったそうです。私も島に来てその気持ちが少しわかりました。人と打ち解けるのが苦手だったり、濃い人間関係に疲れたりする人は島の生活に向いていない。実際に島での生活に耐えられなくなって去っていった女性は結構いたんです」

　会社の住居は単身寮と家族用の社宅に分かれていて、既婚者は家族用に暮らすことになる。人間関係が狭いため、みんなお互いの家庭のことを知り尽くしており、プライバシーなどないも同然だ。

　ちなみに、島にやってくる女性の中には、フィリピンやタイといった東南アジアの女性もいたそうだ。佐世保の外国人パブにはまった男性が連れてくるのだ。東南アジアの女性は忍耐力があり、島の生活に音を上げることなく、英会話教室を開いたり、飲食店でタイ料理を出したりしていたらしい。

突然の閉山宣告

池島は、「九州最後の炭鉱の島」と呼ばれたことからわかるように、他の島が次々と閉山する中、孤軍奮闘するように稼働をつづけていた。

一九九〇年には、エネルギー資源はほぼ石油やガスに代わっており、石炭の用途は原料炭（製鉄の原料用）と一般炭（燃料、火力発電用）に限られていた。しかも日本での採炭には高額な費用がかかるため、海外から輸入する石炭の三倍の値段だった。

会社がそれでも事業を継続していたのは、組合から閉山を猛反対されていた上に、一度やめれば炭鉱の技術が潰《つい》えるからだ。行政の側も、炭鉱産業による多額の税収が失われるのを恐れていた。そこで行政や電力会社に理解を促し、高値で石炭を買ってもらったり、公的支援を受けたりしてなんとか事業をつづけていたのだ。

だが、バブル崩壊を機にはじまった不景気の中では、池島を取り巻く環境は日に日に悪化していた。行政は支援に及び腰になり、電力会社は国産の石炭を必要以上の高値で購入する余裕がなくなった。

会社は事業継続を理由に大幅なコストカットを敢行した。無料だった社宅を有料にしたり、佐世保にあった従業員の子供のための学生寮を廃止したり、早期退職を促したりした。給与も段階的にカットしていった。労働組合は、炭鉱を存続させてもらえるなら、という思いでそれらをのんでいた。

労働組合にいた越田敏雄《こしだとしお》氏（68歳）は語る。

「組合の目標は、会社に池島での事業をつづけてもらうことでした。給料カットさえ受け入れれば、（閉山は）大丈夫だという思いがあった。今考えれば甘い考えなんですが、これまでの歴史をふり返ると、ほとんどの炭鉱が大きな事故が起きたことをきっかけに閉山が決まっているんです。逆に言えば、事故さえ起こさなければ大丈夫だと思っていた。だから、組合の仲間の間では『事故したら終わりだからな』と言い合っていましたね」

越田氏はすぐにその見通しが甘かったことを思い知らされる。二〇〇一年の八月に突如として地元の新聞が、池島が閉山する可能性がある、と報じたのだ。社員たちは寝耳に水だった。慌てて組合員が集まって会社に真相を問い詰めたところ、返ってきた答えは報道を否定するものだった。

「島はこれからも存続する。心配はいらない」

しかしこの説明はあっという間に翻《ひるがえ》された。ある日、会社側が労働組合に対して、「十一月末をもって閉山する」と一方的に申し入れてきたのだ。

会社は補償として、社員と関連会社の社員、合わせて約一二〇〇人の従業員に退職金を支払うことを約束した。従業員たちは裏切られた思いだったが、抵抗しようとする者はほとんどいなかった。閉山の決定を覆すのは不可能だ。それなら、十分な補償金を手に入れて第二の人生をスタートさせた方がいい。

町も会社の意向を受けて従業員たちの支援に動いた。「黒手帳」と呼ばれる三年間有効の失業保険を用意した上で、職業安定所による大規模な職業の斡旋《あっせん》を行った。人々はタクシー運転手、造船会社、介護職といった仕事を得て、家族と共に島を離れていった。

閉山からわずか一年ほどの間に、島からは八割以上の人たちがいなくなり、社宅や店は空き家だらけになった。猫や小鳥など、取り残されたペットの声だけが町に響いた。

松浦氏は語る。

「閉山になって、あれよあれよという間に住民はいなくなってしまいました。寂しいのなんのって、あれほどにぎわっていた島がこんな短期間でガラガラになるなんて信じられませんでした。島に猫がたくさんいるのは捨てられたペットが繁殖したせいですよ。社宅でのペットの飼育は禁止されていたんですが、隠れて飼っている人たちがたくさんいた。閉山後にそれらが取り残されて増殖したんです。想定外だったのはイノシシですね。人間がいなくなったのを見計らったように、本土にいたイノシシが海を泳いで島に渡ってきてどんどん増えていった。今では人間より動物の方が圧倒的に多くなっています」

会社は一九九七年に「三井松島リソーシス」と名前を変えて、少数の元従業員を新たに社員として雇い直した。これまで培ってきた炭鉱技術をインドネシアなどアジア諸国に広めるため、炭鉱技術移転事業を開始したのだ。

だが、事業規模は非常に小さなもので、島の住民を増やしたり、活気を取り戻したりすることにはなっていない。ゴーストタウンとなった島は、台風に襲われる度に、民家や店が倒れて瓦礫《がれき》の山を増やす。

そんな未来のない島に、なぜ人々は残っているのだろうか。前出の松浦氏の言葉である。

「閉山の時、夫がちょうど定年だったので、実家のある佐世保市に引っ越そうかって話が出ました。でも、お金のことが心配だったんです。島にある公営住宅に住んでいる限りは家賃が六

○○○円で済みます。水道代も本土に比べれば安い。買い物は、本土からやってくる移動販売車に頼ればなんとかなりますので、経済的にはこっちに残った方が楽だろうってことで島に住みつづけることにしました。長崎市や佐世保市に移って、島で暮らしているのと同じ感覚で生活して、ものすごいお金がかかって生活に困っている人もいるようです。そういう話を聞く度に、何もなくても島に残って良かったと思っています」

脇山氏もまた自ら島に残ることを選んだ。彼女は島唯一の食堂で働いている。その思いをこう話す。

「島で私は食堂をやっていますが、他に商売をしている人はほとんどいません。会社が炭鉱の見学ツアーをしているので、シーズンの時はお客さんが来ることがあっても、それ以外は暇ですから寂しいものです。毎日食堂に来ても、テレビを見て猫に魚をあげるだけ。それでも、騒がしい都会で生活するよりはいいって思っています。なんでなんでしょうね。見ず知らずの町でお金の心配をして、苦労して生きていくのがつらいからかな。それよりは、ここで知っている人たちと一緒に生きていく方が楽なんです」

島に残る人々の口からは決まって「寂しい」という言葉がこぼれる。それでも、話をしていると、にぎやかだった時代の楽しい思い出が止めどなく溢《あふ》れてくる。

島の学校で行われた綱引き大会、島民全員で盛り上がる秋祭り、スナックでくり広げられた騒動、男と女の恋物語……。彼らにとっては本土へ行くより、ここに残った方が、古き良き日の記憶に深く浸ることができるのだろう。

最近、池島で行われている坑内体験ツアーには日本人だけでなく、外国人が参加することも増えているそうだ。島に残る人たちは、ほとんど問わず語りのように島の過去について話す。きっと自分たちがこの島で生きた証《あかし》を残したいと思っているからだろう。

昔々、池島という小さな島の労働者たちが、海底に潜って石炭を採ることで、日本の経済成長を支えていたのだ、と。

（二〇一九年取材）

第三章

日本最大のドヤ街の今

ドヤ街の盛衰——就労支援

釜ヶ崎の新産業

大阪市の西成《にしなり》区に、「釜ヶ崎《かまがさき》（あいりん地区）」と呼ばれる日本最大級のドヤ街がある。ドヤ街とは、一泊一〇〇〇円台の格安の簡易宿泊所（ドヤ）が集まる街のことだ。「ドヤ」は、ヤド（宿）を逆さ読みした造語といわれている。

高度経済成長からバブルまでの時代、ここは日雇い労働者が数多く集まる場所だった。毎朝街には大勢の手配師がやってきており、彼らに話しかければ身分証を提示する必要もなくその場でトラックに乗せられた。それで工事現場まで連れていかれ、指示に従って夕方まで働けば日銭を得られたのである。

最盛期には、わずか五〇〇メートル四方の地区に二万人以上の労働者が溢れ返っていた。簡易宿泊所が乱立したのは、そうした労働者に寝場所を提供するためだ。二畳半から三畳程度の狭い部屋を、今で言えば素泊まりトイレ共同で一〇〇〇円から二〇〇〇円程度で貸し出し、常にどこも満室だった。

当時、釜ヶ崎に集まっていた日雇い労働者たちは、身元がよくわからないような者が少なかった。借金取りから逃げてきた人、暴力団を追放された人、身寄りのない前科者、軽度の知的障害や精神疾患のある人などだ。どんな人間であっても、ここなら何も聞かれずに受け入れてもらえた。

彼らの中には計画的に金を貯めて街から出ていこうとする殊勝な者は稀だった。近くの繁華街・ジャンジャン横丁で酒に溺れる人はまだしも、その日稼いだ金を売春街の飛田新地《とびたしんち》や、暴力団が開く賭場で使い果たしたり、そこかしこで売っている覚醒剤に手を染めたりしている者もいた。「宵越しの銭は持たない」を地で行く刹那的な労働者たちによって成り立っていたのである。

だが、そうした街の姿も今は昔。釜ヶ崎に根を下ろして生きてきた労働者たちは、半世紀以上の歳月が流れたことで高齢化した。血気盛んだった若者たちは、足腰の曲がった独り身の老人となり、日雇い労働をする体力もなく、生活保護を受給しながらドヤ街を終の棲家として生きているのだ。現在、この街の高齢化率は四〇％を超え、生活保護受給率も約四〇％に達しているといわれている。

彼らの数少ない楽しみは、朝早くから安酒を飲むことだ。街の酒屋は早朝から開店しており、一杯一〇〇円、一五〇円で酒を提供している。彼らは生活保護や廃品回収などで得た金を握りしめ、ぞろぞろと店へ吸い込まれていく。昼過ぎになって顔を真っ赤にして店から出てくると、千鳥足で自動販売機にぶつかったり、地べたにすわり込んで電信柱に悪態をついたりする。

現在、釜ヶ崎には数えきれないほどの支援団体や介護施設が入ってきて、高齢者たちの支援を行っている。誰も予期しなかった形で福祉の最前線になっているのだ。

ある日、私はそうした福祉関係の会社の一つが、珍しい取り組みをはじめたという話を教えてもらった。クラフトビールの醸造所《じょうぞうじょ》を建設し、そこで釜ヶ崎に暮らす高齢者に働いてもらっているのだという。彼らの作った酒が地域に流通し、就労と自立を促進させているのだそうだ。これによって、飲んだくれの生活から抜け出した人もいるらしい。

かつて日本一危険な街として知られた釜ヶ崎で何が起きているのだろうか。

釜ヶ崎と隣接するアーケード街には、立ち飲み屋が並び、朝から酔っ払いの歌声が響いていた。道端には地べたにすわって酒盛りをする人たちや、独り言を言いつづけるホームレスの姿があり、電信柱の下の吐瀉物《としゃぶつ》や立小便の跡から悪臭が立ち込めている。

アーケード街を少し行ったところに、目指していたクラフトビールの醸造所が建っていた。このあたりの街の風景には似つかわしくない、デザイン性豊かな二階建ての建物だ。ベンチャー企業のオフィスと言われても疑わないだろう。

醸造所を運営しているのは、株式会社 cyclo（以下「シクロ」）だ。訪問介護事業、通所介護事業、就労支援事業など、西成に暮らす高齢者や障害者を対象とした福祉サービスを主に行っている。

会社の会議室では、代表の山﨑昌宣《やまざきまさのぶ》氏（43歳）がインタビューに応じてくれた。山﨑氏は次のように語る。

「僕がこの会社を作ったのは二〇〇八年のことでした。もともと僕は福祉関係の別の会社に勤めていたんです。当時は、まさか自分が会社を経営するとか、ましてや介護事業の他にクラフトビール事業をはじめるなんて想像したこともありませんでした」

この会社を設立する前、山﨑氏は大阪で広く介護事業を行う会社に就職し、エリアマネージャーとして働いていた。西成、生野《いくの》、今里《いまざと》、難波《なんば》といった地区で働くケアマネージャーを管理する立場だった。

だが、その会社が訳あって倒産することになった。山﨑氏は地区の責任者として、利用者たちが継続して必要なサービスを受けられるように、別の介護事業者に引き継ぎをしなければならなかった。

ただ、利用者にしてみれば、まったく知らない事業者より、自分のことをわかっている人たちに介護をしてもらいたい。そこで彼らは次のような声を上げはじめた。

「会社が倒産するなら、山﨑さんが新しく会社を起こせばいいやないか！　そのためなら、なんぼでも協力するで」

大勢の人からそう言われたことで、山﨑氏は目を開かされた。自分たちは会社の都合を一方的に利用者に押しつけて不安に陥らせていただけではないか。それなら、自分が腹をくって、彼らにとって最良のサービスを届けたい。山﨑氏はそう考え、知人ら四人と共に西成区で起業した。それがシクロだった。

昔も今も釜ヶ崎の周辺には、元日雇い労働者や元暴力団組員が大勢住んでおり、福祉のサービスを必要としている。予想していたことだが、その近くに事務所を開設すれば、自ずとそうした者たちが利用者となる。障害といっても、覚醒剤の後遺症、アルコール依存、統合失調症といった問題を抱えている人たちを相手にサービスを提供しなければならないのだ。

介護者にとってこのような地域で仕事をするのは簡単ではない。後遺症や精神疾患で激しい幻覚に苦しんでいたり、人格が破綻してしまっていたりする者もおり、そもそもまともなコミュニケーションができないのだ。若いスタッフたちを見下し、罵詈雑言《ばりぞうごん》を浴びせたり、わざと刺青を見せて威嚇《いかく》したりする者もいる。

開業当初、会社のスタッフはそうした人たちへの適切な対応法がわからず、正論で向き合っていた。だが、社会の底辺を這《は》うように生きてきた利用者の方がはるかに狡猾《こうかつ》で、口が達者だ。彼らはこうがなり立てた。

「あんたら偉そうに言ってるけど、わしらがいるから給料もらえるんとちゃうか。どうせ給料だって安いんだろ。わしらが若い時はもっと働いてがっつり稼いでたわ！　偉そうな口を叩くな！」

万事がこうなので、若いスタッフは働けば働くほど心が削られていった。なんでこんな人たちの介護をしなければならないのか。自分は必要とされていないのではないか。志を持って入ってきても、一年もたたずに辞めていってしまう。

山﨑氏は事業をつづけるためには、スタッフの心を守らなければならないと考えるようになった。それには、トラブルを起こす利用者に変わってもらわなければならないが、容易《たやす》いことではない。

仲間と散々話し合って出たアイディアが、彼らに福祉サービスを提供するだけでなく、就労の機会を与えることだった。彼らは誰からも必要とされず、することもないので、朝から大酒を飲み、酔った勢いでスタッフに当たり散らす。それなら、彼らに役割を与え、生活を落ち着かせてはどうかと考えたのだ。

こうして山﨑氏らが立ち上げたのが、カフェ事業だった。町中に小さなカフェをオープンさせ、そこで利用者にアルバイトをしてもらう。仕事を通してやりがいをつかめば、いろんなことに前向きになれるはずだった。

逆転の発想で雇用を生み出す

二〇一五年に開始したカフェ事業はすぐに軌道に乗ったが、しばらくして横やりが入った。地元住人からクレームが寄せられ、営業が難しくなったのだ。

「周りに迷惑だからカフェを畳んでくれ」

カフェに釜ヶ崎の高齢者が大勢出入りすることで、周辺の店や家の人たちが不安を口にするようになったのである。逆の立場に立てば、そう言いたくなる気持ちもわからないではない。カフェ側は彼らと話し合いもしたが、理解を得ることができず、志半ばで閉店を決めた。

次に山﨑氏が手掛けたのが、リサイクル品のバザーだった。カフェ経営よりハードルが低いと考えたのである。衣服や食器や家具を方々から集め、利用者に搬送から物販までを手伝ってもらった。

だが、こちらは利用者からの評判があまり芳しくなかった。バザーで売る商品にさほど興味がなかった上に、売り上げも低い。利用者がやりがいを見いだすにはほど遠かった。

他に何かいい仕事はないだろうか。そんなことを考えていた矢先、山﨑氏のところに一人の利用者がやってきた。軽度知的障害のある男性だった。彼は言った。

「わしは昔、ここらで酒を造ってたんや。うまい酒が造れんねん。西成の人間は、みんな朝から飲んでる。ここは酒の街や。もし社長（山﨑）が酒を造ってくれたら、わしがなんぼでも売ってやる。頑張らんかい！」

かつてこの近辺では、人々が自家製のどぶろくを密造して飲んでいたり、それを居酒屋に売って稼いだりしていることがあった。男性もそのように密造酒を造った経験があったのだろう。

山﨑はその場では返事を濁《にご》したが、日が経つにつれて「釜ヶ崎のおっちゃんたちに、酒造りや販売は合っているのではないか」と考えるようになった。ただ、今の時代に酒を密造して売るわけにはいかない。

そこでまず、山﨑氏は他県の工場からOEM（委託者ブランド製造）でビールを五〇〇本買い付け、それに自社で作ったラベルを貼り替えて売ってみることにした。リスクの低い方法で試してみたのである。

発案者の男性を含めて一五人ほどの利用者に声をかけて営業してもらったところ、驚いたことにわずか一日半で一本八〇〇円のビールが完売した。利用者たちは毎日のように朝からドヤ街で飲み歩き、酒屋の店主や常連客と仲が良い。そのコネを使って売りさばいたのだ。

利用者たちは口々に言った。

「社長、酒ならどれだけだって売ってみせるで！」

その後、山﨑氏は同じように四度にわたってOEMで五〇〇本のビールを仕入れて販売を行ったところ、いずれもすべて一日で完売した。売上金は分配され、利用者が得た日当は三万円にもなった。何より、彼らの顔には自信が溢れていた。

山﨑氏はこの経験から、自社でクラフトビールを醸造し販売してみようと決意した。勝算が見えたのだ。そして銀行から融資を受けて、建物を改築して醸造所を建て、五〇〇リットルのビールを造ることができるタンクを五つ設置した。二〇一八年、こうしてクラフトビール醸造所「ディレイラブリューワークス」が完成したのである。

山﨑氏は言う。

「これまでうちでは、三二種類のビールを造ってきました。フルーティーな種類や、キレのある種類など様々です。レギュラーの商品は七、八種類ですが、それ以外は季節ものなど個性のあるものをバラバラに造るようにしています。タンクでビールを造るには一カ月かかるので、最大でも月に五種類が限度なのです」

酒税法では、発泡酒は年間に六〇〇〇リットル以上を造らなければならないが、タンクが五つあれば十分だ。

ビール造りはワインとは異なって、麦芽など必要な原材料は外部からすべて買い付けることができる。原材料の組み合わせによって味を決めれば、その後の工程はさほど複雑ではないし、製造期間は一カ月ほどと短い。ビール造りは専門の知識を持った職員がやるにしても、それ以外の仕事——ラベル貼り、配送、販売といった仕事は障害のある高齢者にも任せることができる。

さらに山﨑氏はビール造りだけでなく、西成区内にカフェやパブをオープンさせてそこで自社のビールを販売したり、酒造の過程で出たものを肥料として利用する事業をはじめたりした。これによって、シクロは約八〇名の就労先を生み出すことができるようになったのである。

山﨑氏はつづける。

「この地区のおっちゃんたちはみんな酒好きで、それにかかわって稼ぐことにプライドを持っています。だからこそ、酒造りとか、酒の販売を心から楽しんでやってくれるし、それで賃金を得ることが自信につながる。この事業に携わったことで、人生が変わったという声もたくさん聞きます」

ここで働く利用者にどのような変化があったのだろうか。山﨑氏は二人の例を出してくれた。

ビールが利用者を変えた

○原武蔵《はらむさし》（仮名、70歳）

武蔵は九州で生まれ育った。知的障害があったことから、故郷で生活していくことが難しく、二十代の時に西成へとやってきた。

若い頃、武蔵は日雇い労働をしながらドヤで暮らしていたそうだ。だが、障害のハンディーから、年齢を重ねるにつれて仕事にあぶれるようになり、食べていくこともままならなくなった。そして病院で障害があると診断されてからは、障害者手帳を取得し、生活保護を受給しながら生きていくことにした。

金銭面では生活が保障されたかに見えたが、実際はまったくうまくいかなかった。衣服は何カ月も洗わず穴だらけで、ズボンや下着には便がついて悪臭を放っていた。生活保護の金が入れば、あっという間に酒屋で散財してしまう。障害のせいもあって、自己管理ができなかったのだ。

武蔵は金に困ると、道端で出会う障害者を見つけ、福祉サービスをする会社へ連れていった。そしてこう言う。

「ほら、あんたら（会社）の客を見つけてきたぞ。お礼を寄こせ」

釜ヶ崎の障害者を会社に紹介することで、小銭をせびっていたのである。シクロとのつながりも、そんなふうにできた。

ある日、シクロの職員が見るに見かねて武蔵をバザーへ連れていった。その流れで、武蔵はクラフトビール事業を手伝うことになった。

もともと酒が大好きだったことから、武蔵はすぐにこの仕事にのめり込んだ。大好きな酒を売りさばいて、日雇い労働なみの日当をもらえることにやりがいを見つけたのだ。

シクロのクラフトビール事業が大きくなり、カフェやパブなどもオープンした。武蔵は店のスタッフとして働くことになった。だが、同僚たちは武蔵に近寄るのを嫌がった。彼らはこう言った。

「おまえは臭い。客に嫌がられるから、もう店に来なくていいぞ」

それまで武蔵は自分の身なりを気にしたことがなかった。だが、このままではせっかくやりがいを見いだした仕事を失うことになる。

ある日、武蔵は山﨑氏のところにやってきて言った。

「わしはバカやから毎日洗濯ができんのや。そやから、働く時は、店で服を洗濯してくれへんか」

知的障害のある人が毎日衣服を洗濯するのは簡単なことではない。山﨑氏はそのことをわかっていたので、洗濯を手伝い、職場にシャワー室を設置した。すると、武蔵は身なりだけでなく、生活習慣まで自ら改めるようになり、スタッフに頼んで日当の一部を貯金してもらったり、ローンを組んで自分で洗濯機を購入したりするようになった。クラフトビール事業に携わりたいという一心で、身ぎれいな従業員へと生まれ変わったのである。

　今、武蔵は毎日きれいな服を着て、シャワーを浴び、真面目に働いている。

○戸山隼人《とやまはやと》（仮名、66歳）

　釜ヶ崎の一帯は、覚醒剤をはじめとした違法薬物の密売が多い地域として知られている。売人の中には暴力団や半グレだけでなく、ホームレスもいる。

　隼人は若い頃から日雇い労働で生計を立てていたが、そうした中で覚醒剤を覚えて長らく使用してきた。そのせいで、精神障害を患い、日雇い労働をすることができなくなった。当時、彼は結婚をして妻と子がいたため、別々に生活保護を受給するために偽装離婚することにする。

　隼人は単独で、妻は子と二人で生活保護を受けたものの、生活の乱れた彼らは、その金額だけではやっていけなかった。隼人は金を作るため、知人の暴力団組員に頼み込み、覚醒剤の密売をやらせてもらうことにした。

　生活保護受給者は、アルバイトなどをすれば、その分の収入が受給金額から引かれてしまう。だが、覚醒剤のような裏の仕事をすれば、その儲《もう》けを丸々手にすることができる。それが覚醒剤の密売をはじめた理由だった。

釜ヶ崎の周辺では、覚醒剤の密売は三人一組で行われる。「見張り役」「売人」「売人を逃がす役」だ。一人が警察がいないかどうかを見張り、もう一人が密売をする。仮に警察が来れば、さらにもう一人がおとりとなって密売人を逃がすのだ。

覚醒剤の密売の仕事はそこそこ儲かったが、隼人は毎日気が気でなかった。自分が逮捕されて刑務所に送られれば、妻子までもが苦境に陥ることになる。毎晩、その恐怖とストレスで眠れないほどだった。

ある日、仲間の一人が密売から足を洗うと言いだした。聞くと、シクロという会社がクラフトビール事業をしており、そこで働かせてもらうという。

隼人はそれを聞いて、自分も密売の仕事をやめて、シクロで働きたいと思った。収入は減るだろうが、歩合制なのでがんばればそれなりの額になるかもしれない。妻に相談したところ、たまたまシクロのクラフトビール事業を紹介するニュースを見ており、このように言った。

「シクロだったらええんやない？　収入が減ってもええから、そこで働きなよ」

覚醒剤の密売グループを抜けるには、暴力団に話をつけなければならない。隼人は暴力団事務所へ行って数万円を支払うことで脱退を認めてもらった。そして、シクロのクラフトビール事業に加わったのである。

現在、隼人はシクロが運営する飲食店で働きながら、稼いだ金の一部を妻子に渡している。覚醒剤の密売をしていた時よりは収入は減ったが、その代わりに正業に就いたことで毎日が輝いているそうだ。

仕事を通して得た自尊心と生きがい

山﨑氏は話す。

「クラフトビール事業をスタートして気づいたのは、利用者さんたちの『やりたいこと』や『やっていたこと』をすることの大切さです。うちに来る利用者さんは先天的な障害がある方より、アルコールやドラッグで中途障害になった人たちが大半です。つまり、若い頃はバリバリに働いていた。だからこそ、それができなくなった自分に負い目を感じていたり、心が荒《すさ》んでしまったりしている。それなら、きちんと彼らがやりたいことや、やってきたことをしてもらうことで、社会で自立して生きているというプライドを取り戻してもらいたい。そうすれば、どんなに年を取っていても、前を向いて生きていけるようになると思うんです」

シクロのクラフトビール事業にとっての大きな転機は、二〇一八年に開催されたインターナショナル・ビアカップだった。ここで同社のクラフトビール「新世界ニューロマンサービール」が銀賞を受賞したのである。これをきっかけに、メディアに取り上げられることも増えた。

利用者もまたこの受賞を喜び、自分の仕事について自信を深めた。「自分は社会に認められたクラフトビールを売っているんだ」「今はもう生活保護だけに頼って生きているわけじゃない」「社会の中で必要としてもらっている」「酒の知識を活かすことができている」……。そう考えられるようになったことで、自尊感情を膨らましたのだ。そんな利用者の中には、自分がメディアのニュースに載ったことで、何十年も連絡を取っていなかった家族のところに電話をかけることができるようになった者もいるらしい。

山﨑氏は言う。

「最近は、クラフトビールの製造を主導している職員たちの意識もだいぶ変わってきました。彼らは職人気質なので、いわゆる王道のビールしか造りたがらなかったのですが、利用者さんたちの意見を聞いたり、働き方を見たりしているうちに、現場のニーズに合わせていろんな種類のクラフトビールを造るようになった。それだけ視野が広くなり、様々な人の意見に耳を傾けられるようになったのでしょう」

受賞した「新世界ニューロマンサービール」は、乳製品などに含まれる糖を加えてまろやかにし、そこにバナナやモモを組み合わせたものだ。ミルクやフルーツの香りと共に、ビール特有の苦みが口の中で広がる。職場を取り巻くいい雰囲気が、こうした味に結実しているのだろう。

山﨑氏はつづける。

「今、醸造所の上にコレクティブハウスの建設をしているんです。シェアハウスみたいな感じで、個室が一四部屋あって、誰もが使える共同部屋なんかもできます。醸造所に出入りする人たちが利用することで、距離が縮まり、仕事に愛着を抱けるようになることもあるかもしれません。介護する人と、介護される人とを区別するのではなく、いろんな人たちがここで生きがいを見つけられるようにしていきたいと思います」

シクロでは、二〇二〇年の末に、もう一つ醸造所を完成させ、これまでの七倍もの規模のタンクを置いて、缶ビールを製造できる機械を導入するという。収益を増やせば、従業員たちの生活の向上にもつながる。

西成の片隅で生まれた魔法のクラフトビール。その力はまだまだ天井知らずだ。

（二〇二〇年取材）

命の牙城《がじょう》――LGBTQ高齢者介護

夏祭りの喝采

八月十四日、釜ヶ崎の中心にある通称「三角公園（萩之茶屋南公園《はぎのちゃやみなみ》）」では、祭りが開催されていた。釜ヶ崎夏祭りである。

屋台の並ぶ公園内は、このあたりに暮らす人々でごった返しており、粘っこい強烈な臭いが漂っていた。ホームレスの汚れた服、酔っ払いたちのアルコールの混じった口臭、屋台で焼くイカやタコ焼きや焼きそばの煙、公園の隅に広がる嘔吐《おうと》物、女性たちがふりかける安物の香水などが混ざり合い、公園の底に沈澱《ちんでん》しているのだ。

敷地内には木製の簡素なステージが設置され、その後ろには〈野宿をさせるな！　仕事をさせろ！〉とか〈ホームレス自立支援法延長を実現したぞ〉と記されたプラカードが並べられている。ステージには数十分おきに次々と人が登場し、歌自慢をしたり、盆踊りを披露したり、スイカ割りをしたりする。客の多くは泥酔しており、一緒にうたったり、わめいたりしている。

午後七時頃、ステージに帽子をかぶった五十歳前後の男性が首にタオルを巻いて現れた。観衆たちが大きな拍手で迎える中、男性はマイクを手に叫ぶように言った。

「みなさん、ＬＧＢＴＱという言葉をご存じでしょうか。私はそのなかのゲイに当たります。自分がゲイだと気づいたのは小学校の時でした」

ＬＧＢＴＱとは性的マイノリティを示す言葉だ。

この男性は思春期に同性の相手に恋心を抱いたこと、そのことに後ろめたさを持って生きてきたこと、だからこそ今こそゲイの存在を認めてもらいたいと思っていることを大きな声で語った。最後にこう締めくくった。

「多くの人は、自分はゲイだと言うことができません。そういう人たちが家を出て、ストリートチルドレン、そしてホームレスになってしまうことがあるんです。だからこそ、きちんとこのことを考えていかなければならないのです！」

私は公園に集まっている人々の反応が心配だった。酒に酔った赤ら顔の高齢者たちの胸に届くように思えなかったからだ。

だが、予想に反して、彼らは一斉に拍手をし、「いいぞ！」と指笛を鳴らしはじめた。まるで自分の胸の内を代弁してくれたとばかりに興奮して手をふり、歓声を上げている者もいる。

私は彼らの様子を見てその理由に気がついた。ステージの前に陣取る人たちの中には、スカートをはいた高齢男性、手をつなぐ女性のカップル、泥だらけの大きなぬいぐるみを抱えた男性などの姿が多くあったのだ。

私は少し前に、西成区に暮らすゲイの男性からこう教えられたことを思い出した。

「昔から、釜ヶ崎は日雇い労働者やホームレスなど〝流れ者の街〟であると同時に、一般社会で生きられなくなった〝性的マイノリティの街〟でもあるんです」

考えてみれば、釜ヶ崎が社会的マイノリティが集まる地区だとしたら、その中に性的マイノリティが含まれているのは当然のことなのかもしれない。


すでに述べたように、日本最大のドヤ街である釜ヶ崎は、数多くの支援団体や会社が入り、福祉の最前線になっている。高齢となった元日雇い労働者たちは、長年にわたって体を酷使してきたことで、身体の一部が不自由だったり、認知症などの精神疾患があったりして介護や看護を必要としている人が少なくないためだ。

私が釜ヶ崎で行われている介護や看護の実態を知るために向かったのは、看護ステーション「ひなた（仮名）」だった。ひなたの事務所は、簡易宿泊所に囲まれたビルの二階にあり、主に釜ヶ崎に暮らす高齢者の訪問看護事業を行っていた。

事務所で私を待っていてくれたのは、代表の松坂由紀子《まつざかゆきこ》氏（仮名、69歳）だ。彼女は次のように話した。

「一五年くらい前から、釜ヶ崎には福祉関係の事業者がたくさん入ってくるようになりました。ここに住んでいる人たちは他に行き場所がないので、高齢化と同時に医療や介護が必要となるためです。事業者は多種多様で、それこそヤクザまがいの貧困ビジネスをしているところもあれば、宗教や政治的な思想を広めることを目的としているところもある。もちろん、生活保護のお年寄りのために真剣に福祉の仕事に取り組んでいるところもあります」

松坂氏が初めて釜ヶ崎に来たのは、一九九九年のことだった。西成区にあった総合病院に看護師として転職したためだ。

彼女は地元の人間ではなかったため、釜ヶ崎のことをまったく知らなかった。ただ、すぐ傍にある病院で働いていれば、嫌でも毎日のように日雇い労働者たちと顔を合わせることになる。ホームレス同然の者、酔っぱらって病院内で怒鳴り散らす者、覚醒剤中毒の者。何も言われなくても、釜ヶ崎がどういう街かを理解していった。

そんなある日、公衆衛生を専門にした大学教授が病院にやってきて、ホームレスの調査に協力してほしいと頼んできた。病院はそれを受けたものの、調査自体は婦長になっていた松坂氏に丸投げした。彼女は仕方なく半年近くかけて、釜ヶ崎に暮らす六〇〇人の患者に一人で聞き取り調査を行った。

当初、松坂氏は患者たちがインタビューに本音で答えてくれるか心配だった。だが、彼らは、家庭環境、失業体験、離婚の経緯《けいい》、そしてホームレスになった理由などを赤裸々《せきらら》に語ってくれた。これまで話す機会がなかっただけで、心の底ではずっと誰かに聞いてほしいと思っていたのかもしれない。インタビューを終えると、彼らは一様にやさしい顔になってこう言った。

「ありがとな、聞いてくれて」

松坂氏にとって、彼らが打ち明けてくれた人生は想像もできないことばかりだった。これまでホームレスは、仕事をしたくない、怠惰な人間がなるものだと思い込んでいた。だが、彼らの話を聞けば、誰もが納得できるような事情を抱えていた。生まれつきの障害で働けない、虐待を受けて希望や家族が何たるかを知らずに育った、だまされて全財産を失った……。やむにやまれぬ事情を抱えてたどり着いた先が釜ヶ崎だったのだ。

松坂氏はこうした事情を知るにつれ、病院が提供する医療サービスについて疑問を感じるようになった。この頃、病院は患者が医療扶助《ふじよ》(医療費が無料になる制度)を受けているのをいいことに、本来必要のない検査や治療を行ったり、逆に手のかかる末期がん患者を病院から追い出すために「治った」と嘘《うそ》をついたりしていた。なぜ病院はこんな弱い立場の人を利用するようなことをするのか。

彼女は二年余り悩んだ末に病院を辞め、今度は同じ西成区にある社会福祉法人へ転職した。そんな時、釜ヶ崎にある社会福祉法人「ふるさとの家」のスタッフから運命の話が持ちかけられるのである。

起業への一歩

ふるさとの家は、キリスト教フランシスコ会の神父・本田哲郎《ほんだてつろう》氏が中心となって行っている支援施設だ。主な対象者は釜ヶ崎の生活困窮者であり、食糧支援、散髪、見回り、それに看取《みと》りや引き取り手のない遺骨の保管など多くの事業を行っていた。

松坂氏が初めてふるさとの家を知ったのは病院に勤務していた時だった。ふるさとの家から頼まれ、ある入院患者の面会謝絶を解いて知り合いに会わせてあげたのだ。それ以来、ふるさとの家のスタッフと知り合いになり、たまに会えば話をするような関係になった。

病院を退職した後、松坂氏はそのスタッフからこんなことを頼まれた。

「ふるさとの家で、釜ヶ崎の人たち向けに健康相談をしてもらえないでしょうか。ホームレスの人たちは病院へ行く習慣がないのです。私たち素人が何を言っても聞いてくれない。だから、せめて松坂さんのような医療者が相談に乗ってほしいんです」

松坂氏は釜ヶ崎の人たちのためになるのならばと思って快諾した。

これを機に、彼女はふるさとの家で月に二回のペースで健康相談のボランティアを行うようになった。高齢者ともなれば、大半の者たちが体に不具合を抱えている。白内障でほとんど視力がなくなっている人、外で寝ていて全身を虫に刺された人、手術の時の糸がついたままになっている人、虫歯で歯がすべて溶けている人……。彼女は自分で対応できるものは対応し、そうでなければ病院を紹介した。

ふるさとの家で行っていたボランティア活動の評判は良く、だんだんと広く知れ渡るようになった。それを聞きつけた公的機関から呼ばれ、うちでも医療相談をやってくれないかと依頼されることもあった。彼女はそれを引き受け、役所の前で月一回、釜ヶ崎支援機構で月二回、健康相談会を開催するようになり、それ以外にも単発の医療相談を数多くこなした。

看護ステーション「ひなた」を作ったのは、二〇一二年のことだった。松坂氏が知人の看護師と集まって釜ヶ崎のために何かできないかと話し合っていたところ、資格を活かして訪問看護をしようということになったのだ。そして釜ヶ崎の真ん中に事務所を構え、近隣の簡易宿泊所やアパートを対象にして訪問看護をはじめたのである。

彼女は言う。

「訪問看護事業をスタートしてからも、ずっと健康相談はつづけています。今は五カ所で年間八〇〇人の相談を受けています。釜ヶ崎ならではと感じるのは、結核の患者さんが多いことですね。不衛生な環境に慢性的な栄養不良が重なって、結核の罹患《りかん》率が上がるのです。がん一つとっても特徴があり、日本全体では胃がんが多いですが、ここでは大腸がんが多い。野菜を食べない生活をつづけていたり、ドヤの共同トイレなので用を我慢する癖《くせ》がついていたりするせいだと言われています。また、マスクをつけないで解体作業をしていたことから、肺がんやアスベストも目立ちます。後はアルコール依存から来る肝臓がんですね。健康相談に乗るにせよ、訪問看護をするにせよ、そういう知識が必要になってくるのです」

松坂氏によれば、釜ヶ崎の高齢者たちは病院へ行く習慣がないので、倒れて動けなくなるまで医者に診てもらおうとしないらしい。だからこそ、無料相談でできるだけ早く問題を見つけ、無料・低額診療制度を利用して病院へつなげる必要があるという。

ただし、一般の人たちと違うのは、治療とは別に生活のケアまでしなければならないということだ。たとえば、彼らがホームレスであれば、病院での入院生活が終わると、また路上生活にもどされてしまう。そのため、治療と同時に、福祉につなげて生活を安定させなければならない。

彼女は話す。

「生活保護を受けてもらって住宅を確保した後も、もう一つやらなければならないことがあります。見守りです。アパートで一人暮らしをはじめると、そこでどのように生活しているのか、何が起きているのかといったことが見えにくくなります。何かあっても、誰も気がつかない。だから、私たちは訪問看護という形で定期的にアパートへ赴き、見守りをするのです」

社会との接点に乏しく、人とつながる力の弱い釜ヶ崎の高齢者だからこそ、全方位的な支援が必要なのだろう。

患者のマイノリティ性

そこまでやっても、松坂氏の思い通りにならないことは日常茶飯事だ。一番の悩みどころは、釜ヶ崎の高齢者の中には生活保護の受給を拒む人が多いことだ。

なぜ貯金も仕事もないのに国の支援を自ら断るのか。主な理由は、生活保護の申請をした場合、行政の担当者から実家の家族などに連絡が行き、支援の意思の有無を確かめることにあるという。世捨て人として生きてきた人々は、今になって家族に連絡されてみじめな現状を知られることを極度に嫌がるのだ。

松坂氏はつづける。

「いろんな方の訪問看護をしていますが、いまいち対応の方法がわからないのは、性的マイノリティの方々です。今思い返してみると、私が釜ヶ崎に来た二十数年前にも、釜ヶ崎には性的マイノリティの人たちの姿がたくさんありました。ただ、あの頃はＬＧＢＴＱという言葉は広まっていませんでしたし、私自身もよくわかっていませんでした。実際に関心を持つようになったのは、ある一人の患者さんとの出会いがきっかけでした」

まだ松坂氏が西成区の総合病院に勤めていた頃の話だ。ある日、手首を切って自殺を図った高齢の患者が緊急搬送されてきた。女性の服装をして髪をきれいに伸ばしていたが、医師が治療のために服を脱がしたところトランスジェンダーであることがわかった。乳房はシリコンで作られ、男性器はついたままだった。

医師の懸命な治療によって手首の怪我は事なきを得たが、重度の肺炎にかかっていることが判明した。かなりの重症で手が付けられず、何日持つかといった状態だった。松坂氏は看護師としてできる限りのことをしようとベッドサイドで看病をつづけた。

しばらくして患者が目を覚ました。松坂氏が自殺を図った理由を尋ねると、こう答えた。

「肺炎にかかって放置していたら、どんどん悪化していったの。息ができないし、もう死んだ方がいいって思って自殺することに決めた。でも、露天商から一〇〇円で買ったカミソリで手首を切ったのでうまく切れず死にきれなかった」

話によれば、この患者は若い頃から心と体の性が一致していないことに悩み、生まれ故郷を離れて大阪にやってきたそうだ。長年、歓楽街でトランスジェンダーとして水商売で生きてきたが、年を取るにつれて客がつかなくなり、ついには無一文になって釜ヶ崎に流れ着いた。以来、ホームレス同然の生活をしていたが、肺の病気にかかったことで、生きることを悲観して自殺を図ったという。

病院で治療がつづけられたが、患者の容態は日に日に悪化していって病院食すら食べられない状態になった。どこからともなく、「彼氏」を名乗るホームレスがやってきて、彼女の病院食をすべて食べて消えたこともあった。

松坂氏は看病をする中で、患者の髭《ひげ》やすね毛が伸びはじめているのに気がついた。「女性としてつらいだろうな」と感じたものの、どのように接していいのかわからず何もできなかった。

入院からしばらくして、患者は息を引き取った。その直前、松坂氏にこんなことをつぶやいた。

「今度生まれ変わったら、男として生まれて妻をもらって暮らしたい」

昭和から平成にかけてＬＧＢＴＱとして生きる苦しみを嫌というほど味わってきたからこそ、漏れた言葉だったのだろう。

松坂氏は当時のことを思い出してこう語る。

「あの患者さんを看取ったことで私が思ったのは、人間として生きたかったんだろうな、ということです。でも、女性の心を持って生まれたばかりに、そういう人生を歩めなかった。それからですね、ＬＧＢＴＱの患者さんに出会った時、何か私にできることがないかと考えるようになったのは」

具体的にはどのようなことをしているのか。

「まず、人として向き合うことを心がけています。でも、私は当事者ではないのでわからないこともたくさんあります。幸い、西成には様々な福祉関係の事業所があって、ＬＧＢＴＱの方も働いています。自分だけでは難しいと考えたことについては、彼らに頼むようにしています」

西成には、ＬＧＢＴＱであることを公言している福祉関係者が少なからずいるらしい。性的マイノリティの現役世代が、性的マイノリティの高齢者を介護する。そんな〝ピアサポート〟とはどのようなものなのか。私は関係者のもとを訪ねてみることにした。

ＬＧＢＴＱピアサポート

西成区の岸里《きしのさと》駅から少し歩いた住宅街に、「にじいろ家族」という看板を掲げた民家が建っている。ケアマネージャーの梅田《うめだ》政宏《まさひろ》氏（53歳）のオフィスだ。

ケアマネージャーの仕事は、高齢者や病人の生活支援や介護計画を立て、それに必要な準備を整えることだ。利用者は計画に沿って訪問看護を受けたり、ヘルパーに来てもらったりすることになる。梅田氏が一般的なケアマネージャーと違うのは、ゲイであることを公にしている点だ。

事務所の二階が、梅田氏へのインタビューの場だった。梅田氏は少しふっくらした体形で、まっすぐに物を見て話す誠実な人柄だ。

梅田氏は話す。

「うちはＬＧＢＴＱの利用者さんだけを扱っているわけではありませんが、割合としては多いですね。僕は福祉関係の事業者さんへ営業に行った時、自分がゲイであることを話して、『もしＬＧＢＴＱの利用者さんがいたら紹介してほしい』と言っているんです。それで頼まれることが多くなるんです。

このあたりの福祉関係者で、僕みたいに同性愛を公表して仕事をしている人はほとんどいません。利用者さんにしても、性的指向を隠している人の方が多い。とはいえ、あえて告白してもらわなくても、僕ら当事者は利用者さんに会えば、この人はそう（ＬＧＢＴＱ）だろうな、と感覚的にわかりますので、それはそれで対応していくことになります」

にじいろというのは、性的マイノリティの多様性を示す言葉だ。そこからわかるように、梅田氏は開業した当初からＬＧＢＴＱの高齢者の支援を考えていたという。なぜそうした決断をしたのか。

「利用者さんがＬＧＢＴＱだからといって、ケアの内容が変わることはありません。でも、僕みたいな人間だからこそわかる細かな感覚や、築ける人間関係があると思っています。体の問題や人間関係、あるいはちょっとした声掛けの仕方までいろんなことがあります。だから、うちみたいなところを必要としてくれる人がいるのならば、それなりに対応していきたいのです」

梅田氏自身、ゲイとして様々な苦労を背負って生きてきたからこそ、力になりたいという気持ちが人一倍大きいという。

一九六五年、彼は二人兄弟の長男として生まれた。今、事務所にしている建物が元は生家だった。西成区にあっては中流の家庭だったそうだ。

自分がゲイだと気づいたのは、中学二年の時だ。同級生の男の子を好きになったのである。当時、同性愛は「オカマ」「病気」と一括《ひとくく》りにされて差別される時代であり、情報もまったくと言っていいほどなかった。そのため、梅田氏は誰にも相談することができず、本心を押し隠して生きるしかなかった。

福祉の世界に飛び込んだのは、大学卒業後の二十五歳の時だった。仕事を探していたところ、親戚の一人が社会福祉法人「四天王寺福祉事業団」を紹介してくれた。この法人は保育事業から高齢者福祉までを総合的に手掛けており、最初梅田氏は老人ホームに配属され、その後は系列の知的障害者施設、重度心身障害者施設、母子生活支援施設、高齢者施設などで勤務した。

梅田氏は職場では自身の性的指向を隠していたが、夜はゲイが集まる「ハッテン場」と呼ばれる場所へ頻繁に通った。昼の顔と夜の顔を使い分けることで、心のバランスを取っていたのである。

現在のパートナーの男性と出会ったのは、二〇〇五年のことだった。それから今に至るまで梅田氏はこの男性と一緒に暮らすことになる。

人生の転機は、二〇一三年だった。日本の在大阪・神戸《こうべ》アメリカ合衆国総領事館に、パトリック・ジョセフ・リネハンという総領事がいた。彼は同性愛者であることを公言し、日本国内でもＬＧＢＴＱの啓発活動を行っていた。そのパトリックの講演会が行われるということで、梅田氏はパートナーの男性と聞きに行ったのだ。そこで彼はパトリックの次の言葉に胸を打たれた。

「日本でＬＧＢＴＱの人たちが権利を持って生きていきたいと願うなら、きちんと性的指向を公表して、表に出なければ何事もはじまりません」

梅田氏はこれまで素の自分を隠して生きてきたことを恥じた。パトリックの言うように、世の中を変えたいのなら、ＬＧＢＴＱであることを公言し、自ら先頭に立って社会を変えていかなければならないのだ。

講演会の後、彼は思い切って家族や上司に自分がゲイであることを告白。そして職場を辞め、パートナーの男性と一緒ににじいろ家族を設立し、居宅介護支援事業をスタートさせたのである。

梅田氏は話す。

「昔も今も釜ヶ崎には、ＬＧＢＴＱの人がたくさん住んでいます。そもそも地方の田舎で生まれ育ったＬＧＢＴＱの人たちは、家族と縁を切って実家から出ていくことが多かったんです。地元で差別されたとか、親から異性との結婚を無理強いされたとか、理由は多岐にわたります。そうした人たちが故郷を離れて都会で生活しようとしても、やっぱりそこでも差別をされたり、人間関係がうまくいかなくなったりして居場所を見つけられない。そういう人たちが、どんな人でも受け入れてくれる釜ヶ崎に流れてくるのです」

釜ヶ崎の周辺には、昔からハッテン場が多かったという。通天閣の下には「新世界」と呼ばれる歓楽街が広がっているが、ここには串揚げ屋や洋服屋に交じってゲイ専門のサウナやポルノ映画館、それに会員制のゲイバーがたくさんある。昭和三十年頃から長らくゲイの人たちが集まる場となっていた伝説の旅館「竹の家旅館」があったのもこの近辺だ。それゆえ釜ヶ崎に暮らす人々のうち、異性愛者は飛田新地へ女性を買いに行き、ゲイは新世界のハッテン場に行くという伝統があったようだ。

考えてみれば、東京のドヤ街「山谷」にも同じような地理的構図が見られる。山谷には吉原《よしわら》というソープランド街が近くにある一方で、砂川屋旅館というハッテン場旅館をはじめとした同性愛者が集まる場所があった。また、山谷からすぐの上野《うえの》の一角もハッテン場になっており、有名な新宿《しんじゅく》二丁目よりも歴史が古い。そういう意味では、ドヤ街と性的マイノリティの関係は古くからあったのかもしれない。

梅田氏は言う。

「釜ヶ崎には暴力団組員、ホームレス、アルコール依存症の人、障害者など、いろんな人がいますが、絶対に相手を差別するようなことはしません。みんな社会で差別されてきた人で、そのつらさを身に染みてわかっているんです。だからケンカはしても、差別はしない。このような釜ヶ崎の空気は、ＬＧＢＴＱの人にとって居心地がいいと思います。どんな性的指向や性自認を持っていたとしても、ここの人たちは色眼鏡で見てこないという安心感がありますから」

現在の問題は、そうしたドヤ街の住人たちが全体的に高齢化したことだ。かつて日中は肉体労働をし、夜は新世界でゲイやトランスジェンダーとして生きてきた人たちも、七十歳、八十歳となれば、経済的に困窮したり、病気で寝たきりになったり、中には寿命の終わりが近づいていたりする人もいる。ゆえに、こうした人たちをケアする専門家が必要になっているのだ。梅田氏の仕事は、その一端を担っているといえるだろう。

彼は話す。

「利用者さんがうちにたどり着くには、主に三つのルートがあります。一つが介護保険利用者のガイドブック『ハートページ』を見て問い合わせをしてくる方、二つ目が地域包括支援センターからの紹介、三つ目が訪問看護事業者からの紹介です。地域包括支援センターと訪問看護事業者については、僕がゲイだとわかっているので、そういう患者さんをつなげてくれる。時々彼らから一般の利用者さんだと紹介されて会ってみたら、なんか同じような感じがするので、僕の方からカミングアウトしたら、利用者さんも『自分もそうなんだよ』と言ってくることもありますけど」

釜ヶ崎の人々は、どのようなプロセスでにじいろ家族にやってくるのか。三人の事例を紹介したい。

にじいろ家族への道

○二村次郎《にむらじろう》（仮名、85歳）

次郎は広島で生まれ育った。青春期の頃からゲイだと自覚し、ハッテン場へ行っては同性と付き合っていたそうだ。だが、HIV（エイズ／後天性免疫不全症候群）に感染したことで、地元のゲイ・コミュニティーにいることができなくなった。それで大阪にやってきたのである。

この時すでに次郎の病気はかなり進行しており、HIV脳症を発症していた。病院に運ばれ、なんとか一命を取り留めたが、退院させるに当たって生活を安定させることが必要だった。HIVは薬をしっかりと服用しないと命取りになるためだ。

そこで病院側は、にじいろ家族に連絡をして相談をした。以前から、梅田氏が営業に行って、「HIVの方がいたら紹介してほしい」と言っていたからである。梅田氏は快諾し、次郎を担当することにした。

会ってみて困ったのは、次郎が自暴自棄になっていたことだった。どうせ長く生きられないんだろという態度で、生活保護の金もあっという間に浪費してしまう。梅田氏はそんな次郎を説得した。

「今は薬を飲めば適切にHIVをコントロールできるようになっています。僕もゲイでいろいろと苦しんできました。だから、次郎さんの思いや悩みもわかるつもりです。HIVになったのは次郎さんのせいじゃないし、今ここで諦める必要もない。だから、どうか僕と一緒にがんばってくれませんか」

次郎にしてみれば、自分の気持ちをわかってくれる人が現れたという気持ちだったのだろう。次第に梅田氏の言葉に耳を傾けるようになった。

梅田氏は定期的に次郎の家を訪問し、薬をしっかりと飲んでいるかを確認し、無駄遣いしないような生活指導を行った。次郎は梅田氏の訪問を楽しみにし、自分の話をするようになると共に、梅田氏のアドバイスにも耳を傾けるようになった。

現在、次郎の精神状態は落ち着き、HIVも薬でコントロールできているという。

○古田猛《ふるたたけし》（仮名、78歳）

ある日、西成区の訪問看護事業者からにじいろ家族のもとに連絡があり、猛を紹介された。話によれば、猛は七十代の男性で、これまで窃盗などの犯罪を重ねてきており、複数の前科があるという。年を取って釜ヶ崎に流れてきたものの脳梗塞で倒れ、その後遺症で体に麻痺《まひ》が残っているそうだ。今は、要介護4で排泄や入浴などを一人ではできないらしい。

簡易宿泊所を改造したアパートで、猛は一人で生活保護を受けて暮らしていた。梅田氏は彼が必要な福祉サービスを受けられるようにしてから、定期的に家を訪問して見守りをした。

何度か会っているうちに、梅田氏は同じ集合住宅に暮らす七十代の人物が頻繁に猛の部屋に遊びに来ていることを知った。直接見かけたわけではないが、それらしき痕跡が残っていたり、話題に上ったりしたのだ。

梅田氏が会ってみると、その人物はかつて女装バーで働いていたというトランスジェンダー（体は男性で、性自認が女性）だった。梅田氏はそれを知って、二人が恋人関係にあることを確信した。

おそらく普通のケアマネージャーなら友人同士と誤解したはずだ。だが、梅田氏は、釜ヶ崎のＬＧＢＴＱのカップルは、時代的に同居が許されなかったとか、個別に生活保護を受けるためといった理由で、恋人関係であっても同棲《どうせい》をしないことを知っていた。だから、二人のライフスタイルを見て恋人だと察したのだ。

梅田氏は猛と良い関係を築くには、先に自分のことをカミングアウトした方がいいだろうと思った。そして言った。

「僕、ゲイなんですよ」

予想通り、その日から猛は心を開いて何でも相談してくれるようになった。梅田氏は猛とトランスジェンダーの恋人の関係性を壊さないように、できることは恋人に任せ、そうでないところは福祉の介入を受けるように調整した。恋人が猛の部屋に通うのは身の回りの世話をしたがっているからだとわかったからだ。そのおかげで、猛は今も幸せに暮らしている。

○須藤《すどう》秀一《しゅういち》（77歳）

秀一は長崎でトランスジェンダーとして育ち、二十歳前後から日本全国の歓楽街を転々として、女装した街娼として売春で生計を立ててきた。景気の良い時代には、トランスジェンダーの売春が珍しかったことから、一晩でかなりの額を稼ぎ、高級ホテルを泊まり歩いていたらしい。

だが、年齢を重ねるにつれて秀一は客を得ることができなくなっていった。若いトランスジェンダーたちが活躍し、高齢の秀一には誰も見向きもしなくなったのだ。そんな秀一がたどり着いた先が釜ヶ崎だった。

釜ヶ崎で、秀一は一人わびしく暮らしていたが、ある日直腸がんであることが判明する。秀一はこう言った。

「長生きしても希望があるわけではないので、治療をせずに死にたい」

医療関係者たちは、そんな秀一を説得し、治療をしようとした。だが、生きてきた世界が違いすぎるため、話がまったく嚙《か》み合わない。

そこで医療者たちが頼ったのが、梅田氏だった。彼ならば、トランスジェンダーの秀一に適切な対応をすることができるのではないかと思ったのだ。

この目論見《もくろみ》は当たった。秀一は梅田氏の助言を聞き入れて治療を受け、静かに毎日を暮らしている。

このように、にじいろ家族にたどり着く釜ヶ崎の人々は、社会の隙間で生きてきた人がほとんどだ。だからこそ、同じ性的マイノリティの梅田氏に共感を覚えるし、アドバイスを聞き入れるのだろう。

梅田氏は言う。

「治療や介護といったサービスを必要とするのは、ノンケ（異性愛者）でも、ＬＧＢＴＱでも同じです。でも、土台となっている生活や価値観が違うので、そうした細かいところを理解していなければ、彼らが必要とするサービスを提供することはできません。たとえば、古田猛さんに対して行政の縦割りの考えで、別々に暮らすトランスジェンダーの恋人の存在を無視して福祉を提供しても、彼の幸せにはつながらないでしょう。しかし、ノンケの人にはなかなかそうした細かいところまではわからない。だから、僕のような人間がケアマネージャーとしてかかわる必要があると思っています」

ＬＧＢＴＱ看護師

にじいろ家族を訪れた後、西成区にもう一つ性的マイノリティと関係のある医療サービスがあると聞いて訪れることにした。「からぁ訪問看護ステーション」である。

ビルの一階のテナントに、からぁ訪問看護ステーションの事務所は入っていた。西成区を中心として訪問看護事業を展開しており、看護師、ヘルパー合わせて一五人のスタッフを抱えている。

私に話を聞かせてくれたのは、ここの管理者である新居《あらい》仁《ひとし》氏（仮名、43歳）だった。看護師である彼は胸筋が盛り上がったいかつい体格をしており、腕には派手なタトゥーが彫られていた。

新居氏は語る。

「うちは訪問看護事業者ですが、全員がＬＧＢＴＱというわけではありません。もともとオーナーがこの問題に関心がある人で、自然と当事者が集まるようになってきた。今ではゲイの私を含めて四名がそれに当たります」

からふぁ訪問看護ステーションは、にじいろ家族のように積極的にＬＧＢＴＱを公言して営業をしているわけではない。したがって利用者の多くは異性愛のノンケだが、ＬＧＢＴＱの利用者とつながることもたまにあるらしい。

新居氏はつづける。

「私自身はゲイであることを誰に対してもオープンにしているわけじゃないんです。ただ、一部の仕事関係者には言ってあるし、夜の街で顔見知りになった人に医療現場で看護師と患者という立場で再会することもある。そういう中で、ＬＧＢＴＱの患者さんがうちに紹介されてくることがあるのです」

新居氏は愛知県の出身で、妹が二人いる。最初は名古屋市の病院で看護師として働いていたが、その後、大阪城のすぐ近くにある国立病院に移った。この病院は大阪でも指折りの大病院で、ＨＩＶ／ＡＩＤＳ先端医療開発センターがあり、近畿ブロックのエイズ治療拠点病院としても知られていた。新居氏はここで働くに当たって、医療ソーシャルワーカーなど数人には自分がゲイであることを打ち明けていた。

病院で数年間勤務した後、新居氏は看護学校に転職して講師をするなどしたが、体調を崩して医療の現場を離れた。三年ほど医療業界から距離を置いた後、知人からデイサービスの仕事をやらないかと持ち掛けられた。そして入ったのが今の会社だった。

この頃、会社はデイサービス事業のみを行っていたが、二〇一六年から訪問看護事業をスタートさせた。そこで元看護師の新居氏は本格的に看護現場に復帰することにしたらしい。

新居氏は言う。

「うちがかかわっているＬＧＢＴＱの患者さんの中には、昔私が勤めていた病院から紹介された方もいます。その病院はＨＩＶ治療の拠点病院だったので、ゲイの患者さんもたくさんいます。なので、私を知っている病院の医療ソーシャルワーカーさんが、そうした患者さんの退院後の訪問看護をうちに依頼してくるのです。患者さんの中には性転換している方もいらっしゃるため、何も知識がない人より、私のように多少なりとも知識を持っている人の方が細かなケアができると考えてのことでしょう」

ＬＧＢＴＱの中でもゲイの人たちのＨＩＶ感染率が高いことは知られている。ＨＩＶは、薬さえ飲んで免疫力をコントロールすれば死なない病気になっているが、釜ヶ崎の人々にそれを求めるのは決して簡単ではない。元から生活が荒れがちな上に、精神疾患や知的障害がある者が少なくないからだ。

たとえば、ある患者がＨＩＶに加えて、アルコール依存や統合失調症を患っていたとしよう。そうなれば、退院して自宅に帰った後も、たくさんの薬を毎日きちんと時間通りに服用するのは困難だ。そのために、訪問看護が必要とされることもある。

新居氏はつづける。

「うちがかかわったトランスジェンダーの患者さんがいました。この人は生活が破綻していたので、退院した後に人並みの生活をしていけるかどうか不安がありました。そのため、病院を出てすぐに自立支援医療を利用してもらって医療費の負担を減らした上で、私たちが定期的に訪れて薬をしっかりと服用させることにしました。

家を訪れているうちに、この人にはゲイのパートナーがいることがわかりました。私たちはその方とも話し合って、身の回りの細かなことはパートナーにお願いすることにしました。パートナーはパートナーで心配して何か力になりたいと思っている。私たちがすべてをやってしまうより、できるところはパートナーに任せた方がいろんなことがうまくいきます。それで日常生活の支援はパートナーがして、私たちがそれをサポートする態勢を取ることにしたのです」

釜ヶ崎に暮らす異性愛の高齢者の大半は独身で恋人もいないが、ＬＧＢＴＱの人たちは年を取ってもパートナーがいるのが普通だ。梅田氏の話にもあったように、そういう関係性をうまく生活に役立てていくことが重要なのだろう。

釜ヶ崎流の看護とは

新居氏は話す。

「釜ヶ崎で行う看護と別の地区で行う看護は違うと思っています。釜ヶ崎で暮らす人たちは、それまでの人生でいろんな社会の壁にぶつかってつらい思いをし、ここに流れ着いてきていきます。ようやく誰にも邪魔されずに酒を飲んだり、ゲイとして生きたり、不規則な生活をしたりできるようになった。それなのに病気になった途端に医師や看護師が出てきてあれこれと怒られ、退院後までも訪問看護の職員に『生活を見直しなさい』と注意される。これでは彼らは窮屈さを感じるでしょう。だから、私としては彼らのできないことを注意するのではなく、できないことを認めて好きなようにさせることが重要ではないかと思うのです」

できないことを認めるとは、どういうことか。

「彼らは普通の人ができることをなかなかできません。毎朝決まった時間に薬を飲みましょうと言っても、二日酔いで朝起きることができないなんてことはザラです。そういう人に注意をするのではなく、『そーかー、朝起きるの大変だもんなー』って言ってあげる。あるいは、副作用がきついから飲まないという人に対して、『仕方ないよ。飲める時に飲もうね』って言ってあげる。そういうふうに接することができるのが、この街のいいところだと思うのです。訳ありの人たちが西成に集まるのは、ここにゆるい空気があるからですよね。そういう空気はある程度守っていかなければならないと思います」

新居氏の記憶に残っている患者がいる。

その患者は六十歳代後半の男性だった。彼はある出来事から頸椎《けいつい》を損傷したことで首から下が麻痺していた。新居氏は週に三日、彼のもとを訪れて一時間半にわたってマッサージやストレッチをして患部をほぐした。治療を受けている間、男性は力のない口調で弱音を吐露していた。

「自由に動けない俺なんかは生きている価値がない。人に迷惑をかけているだけだ。消えていなくなりたいよ」

それを聞いた新居氏は、身体のだけでなく、メンタルのケアも必要だと考えた。そして家を訪れてマッサージをする度に、かつて自分もうつ病になり、同じように生きる価値を見失ったことがあると打ち明けた。

男性は新居氏の話を聞いて、心を開くようになった。毎回彼が来るのを楽しみにし、いろんなことを聞いてきたり、自分の過去を話したりするようになった。その中でゆっくりと生きることの意欲を取り戻していったのだ。

新居氏はこの患者との経験を通して、病院で求められる看護は病気や怪我に対するものだが、西成ではそれに加えて心のサポートも不可欠なのだと思い知ったという。

この話を聞いた時、私は前出の看護ステーション「ひなた」の松坂由紀子氏から聞いた話を思い出した。

かつて松坂氏は、肝臓がんを患った男性の訪問看護をしたことがあったそうだ。その男性は若い頃に会社を経営しており羽振りが良かったが、途中で資金繰りがうまくいかなくなって倒産してしまった。妻は家から出ていき、男性は残された息子を一人で育てることになった。

男性は借金を抱えたままいくつものアルバイトを掛け持ちして息子を育てた。だが、経済面で苦労をかけたせいか、息子は思春期になって非行に走って事件を起こし、少年院へ送られた。

息子がグレたのは自分のせいだ。男性は少年院へ行って謝ろうとしたが、息子からは「会いたくない」と突っぱねられた。男性はショックで働く気力を失い、釜ヶ崎にやってきて生活保護を受給することになった。

それから間もなく、男性が体調を崩して病院へ行ったところ、医師からは末期の肝臓がんだと宣告された。松坂氏がこの男性の訪問看護をすることになったのは、そんな頃だった。男性は家庭と病気の問題が重なり、気の毒なほど落ち込んでいた。松坂氏は元気になってもらおうと、男性に何かしたいことはあるかと尋ねた。男性は答えた。

「死ぬ前に一度でいいから息子に会いたい」

松坂氏はその希望を叶えるため、少年院にいる息子に手紙を送りつづけた。何カ月かしてようやく息子から面会をしてもいいという返事があった。彼女は車に男性を乗せて少年院へ行った。そこで男性は息子と本音で話し合い、ようやく和解することができた。

面会からほどなくして、男性は危篤に陥った。松坂氏が少年院に知らせたところ、教官が息子を連れて病院に駆けつけた。少年が「お父さん！」と声をかけると、昏睡《こんすい》状態だった男性が一度だけ目を開けた。言葉を発することはできなかったが、息子に感謝を伝えたがっているようだった。そして数時間後、彼は静かに息を引き取った。

後日、少年院の息子から松坂氏のもとに一通の手紙が届いた。そこには次のように書かれてあった。

〈僕は、父の子で良かったと思っています。こんなにたくさんの人に支えてもらった父はすごいと思います。出院したら僕は福岡県に行きますが、みなさんのように人の役に立ちたいと思います〉

松坂氏は、この経験によって、看護の仕事とは、ただ医療者として接するのではなく、いかにその人の人生の深い部分に寄り添っていくかが重要だと実感したという。

おそらく新居氏の経験も、これと同じようなものなのだろう。看護師として向き合えば、つい医療者としてルールを相手に押しつけてしまいがちだ。だが、本人が求めているのは必ずしもそれと同じではないのだ。

インタビューの最後に、私はこれからは性的マイノリティに特化した福祉を作り上げていくべきなのだろうかと尋ねた。たとえばゲイ専用の訪問介護やデイケアを設立し、そこできめ細かなケアができるようにするべきなのか、と。

新居氏は腕を組んでしばらく考えてから答えた。

「ゲイ同士で集まって将来のことを話すと、ゲイ専門の老人ホームがあればいいねといった話が出ることがあるんです。たしかにゲイだけの老人ホームがあれば、周りに気を遣わなくていい。それはレズビアンでも、トランスジェンダーでも同じだと思います。

でも、理想としては、むしろ必要ないんじゃないかって私は思っています。世の中の人たちが本当の意味でＬＧＢＴＱの存在を認め、共存することができれば、施設で一緒にいたって問題ないはずですよね。ノンケはこっちの施設で、ゲイはこっちの施設と分けてしまうより、どうすれば共に生きられるかっていうことを考えていく方が重要ではないでしょうか」

私はうなずいた。それが実現できるかどうかはわからない。だが、その可能性を高めるのも低めるのも、私たちの認識次第なのだ。

（二〇一八年取材）

名のない墓碑――葬儀

最低限の葬儀

新今宮《しんいまみや》駅から一〇〇メートルのところに、「南大阪祭典」という斎場のビルがある。

ここを運営する大阪祭典は、大阪市を中心に府内に一八カ所の大型会館と一カ所の提携式場を展開している総合葬祭サービス会社だ。そこが所有する斎場の一つが南大阪祭典であり、土地柄釜ヶ崎で亡くなった人を受け入れることも多い。

この日も南大阪祭典では、釜ヶ崎の住人の葬儀が行われていた。六畳ほどの狭い和室には、誰の目にも安価だとわかる長方形の棺《ひつぎ》が置かれているだけで、花束が飾られた祭壇もなければ、故人の遺影もない。

故人は七十代後半だったそうだ。長らく介護を受けながら簡易宿泊所で暮らし、最後は病院へ運ばれて息を引き取ったという。親族と縁が切れていたことから、この日やってきた参列者は二人。故人の介護をしていた福祉関係の職員だった。この後、遺体は火葬へと運ばれ、将来的には共同墓地に埋葬される予定だそうだ。

こうした簡単な葬儀は、「福祉葬」や「直葬」と呼ばれている。詳しくは後述するが、生活保護受給者が亡くなった場合、本人が財産を有していないため、代わりに自治体が「葬祭扶助」を出して〝必要最低限の葬儀〟を行う。この日、南大阪祭典で行われていたのはそうした葬儀だった。

同社で葬祭部次長を務める酒井《さかい》伸明《のぶあき》氏（56歳）は語る。

「わが社は大阪府全体で年間に五〇〇〇件をはるかに超える葬儀を行っていますが、その一割ほどが福祉葬になります。これは他社さんと比較しても、かなり多い方だと思いますね。福祉葬にはいろいろと細かな決まりがあります。うちは大阪では老舗《しにせ》の会社ということもあって、自治体や福祉関係の方々から信頼を得ていて、頻繁に話が持ち込まれるのです」

自治体によって福祉葬の支給額や規定は異なる。大阪市の場合は、一回につき二一万円までと定められている。この中から葬儀会社が搬送費用、仏具や棺の費用、読経をする僧侶への布施などを支払うことになる。費用の内訳も厳格に決められていて、たとえば読経のために僧侶を呼ぶ場合は、上限金額が四万六〇〇〇円とされていて、それ以上出すことは認められない。

また、葬儀の中で行われるサービスについても細かな取り決めがある。必要最低限の葬儀という前提があるので、高価な棺を使用したり、大きな花束やお供え物を用意したりすることは認められない。税金を使って豪華な葬儀をすれば、市民から「税金の無駄遣い」と非難される可能性があるためだ。そのため、福祉葬をする場合は、葬儀会社がその明細だけでなく、葬儀を簡略化したことを証明するため、葬儀の様子を写真に撮って提出しなければならないこともある。他の市に至っては、抜き打ち視察まで行っているそうだ。

酒井氏は説明する。

「福祉葬にはいろんな規制がありますが、弊社としてはその枠の中でできる限りのことをする方針を取っています。たとえば、たくさんの花を用意することはできませんが、一対の花束だけなら認められています。また、見送りに来られるご遺族がいなくても、お経だけは上げさせていただいています。複数のお寺さんにつながりがあるので、亡くなられた方の宗派がわかれば、それに合わせることもしています。その分、細かな費用がかさみ、利益が出ませんが、それは仕方のないことだと考えています」

会社によって福祉葬でどこまでするかは異なる。南大阪祭典では故人のために可能なことを行う方針だが、別の会社の中には利益を最大限に出すために葬儀を簡略化するところもあるらしい。具体的にいえば、花代、線香代、読経代などを浮かして懐に入れるのだ。

酒井氏はつづける。

「釜ヶ崎周辺で生活保護を受けている方が亡くなった時、弊社に福祉葬を依頼してくる相手はおおよそ決まっています。病院で亡くなった場合は病院の担当者で、集合住宅で亡くなった場合はオーナーや管理会社の担当者です。正直、このあたりの病院やアパートならば、生活保護の方が亡くなられ、福祉葬を依頼しなければならなくなることは珍しくありません。だから、どの業者ならどこまでしてくれるということを把握していて、安心できるところに依頼するのです。逆に言えば、私たちはそういう方々からの信頼を得られなければお仕事をいただけないということになります」

一般的に身寄りのない人が亡くなった場合、病院なりアパートなり遺体のある場所の責任者が自治体に連絡して対応を頼むことになる。自治体は戸籍などから親族を探し出して遺体の引き取りを求める。親族が承諾すれば、葬儀から納骨までの手配は託されることになるが、生活保護受給者の場合は生前から縁が切れていることが多く、引き取り自体を拒《こば》まれることが多い。親族にとっては、ある日いきなり自治体から電話があり、何十年も行方不明になっていた者の死を告げられ、葬儀など一切を押し付けられても困るというのが本音なのだ。

そうなると、病院やアパートの側は、自治体からの公的支援を使って葬儀会社にすべてをパッケージで頼むことになる。この時に、彼らが葬儀会社を選ぶ基準が、これまでの実績なのである。

酒井氏は言う。

「西成にはたくさんの病院やアパートがありますが、人間関係は意外に狭いものです。看護師さん、ヘルパーさん、大家さんなど、多くの方々が顔見知りで、情報交換も頻繁に行われています。ですので、あそこの葬儀会社はちゃんと福祉葬をやってくれるとか、あそこはダメだという噂は広まりやすい。福祉葬だからといっていい加減なことをすれば、信頼を損なうことにつながります。だからこそ、どんな葬儀でも真摯に取り組まなければならないのです」

福祉葬を行う必要が出た時、大方の人は経験のある人にどこがいいかを尋ね、名前が挙がった会社に依頼するのが普通だ。そういう意味では、普通の葬儀より口コミが物を言う世界なのかもしれない。

福祉葬業界の実態

高齢化の波を受けて、葬儀業界には様々な会社が乱立している。これまで見てきた老舗とは別に、新たにこの業界に参入した葬儀会社は、福祉葬にどう向き合っているのだろう。そんな思いで次に向かったのが、西成区にある創業三年の新進の葬儀会社「ラストメモリー時」だ。代表の植田《うえだ》和也《かずや》氏（47歳）は話す。

「私たちのような新しい会社にとっては、福祉葬は参入するのが難しい分野でもあります。理由としては、老舗の会社がすでに関係各所と信頼関係を築いてしまっているためです。そもそも福祉葬は市からいろんな規制を受けているので、自由に新しいことができるわけでもありません。そうなると、他との差別化を示して業界に割って入ることが非常に困難なのです。

また、福祉葬は制約がある割には、関係者から無理な注文をされたり、こちらがいろいろと先読みして動いたりしなければならないこともあります。予算が少ないのに、労力は意外にかかる。そうなると、なかなか積極的に仕事を取っていこうという気持ちにはなりません」

先述したように、福祉葬は決められた予算内でつつましく行わなければならない。だが、故人の友人や関係者の中には「これでは寂しいので、たくさん花を飾ってくれ」と要求してきたり、「今日仕事が入ったから葬儀の日を変えてくれ」など自分たちの都合で無理難題を押しつけてくることもある。それらの対応を一々していれば、葬祭扶助では見合わなくなる。

植田氏はつづける。

「あくまで私の印象ですが、福祉葬では、自殺で亡くなった方が少ない気がします。生活保護を受けるのって、ある意味でしんどい作業なんです。失業してすぐに受給できるわけじゃなく、何度も就職活動をして失敗したり、病気と闘ったりしている証拠を提出できなければ、受給資格が満たされません。受給が決まった後も、関係者と定期的に面談し、私生活を細かく管理される。そうしたことをできる人は、自ら命を絶つということをしないように思うのです」

一方で、孤独死の事例は少なからずあるそうだ。

「若い頃から釜ヶ崎に住んでいた方は、長年の不摂生が祟《たた》って体に不具合があることが少なくありません。高齢になって福祉とつながっていればいいですが、そうでなければ飲酒やドラッグの使用、あるいは心臓や脳の疾患で突発的に亡くなって、発見まで時間がかかることがあります。葬儀社にとって孤独死のご遺体を扱うのは相当な負担です」

孤独死が起きた場合、第一章で見たように、警察が不審死として調べるために遺体を警察署へ運んでいく。警察は検案を終えた後、遺族に引き取りを求め、そこで断られれば葬儀業者に委託することになる。家の後片付けは特殊清掃業者が行い、遺体は葬儀会社が預かることになっているのだ。

葬儀会社の職員が警察署へ行くと、蛆虫がついて腐臭が漂う遺体をそのまま渡されることも珍しくない。葬儀社はその遺体に防臭処置を施して棺に入れ、自社のホール、もしくは冷蔵室で安置する。

葬儀会社を困らせるのが、遺体についた蛆虫と悪臭だ。蛆は冷蔵室に入れてもなかなか死なず、棺の板と板の間などわずかなすき間から外へ這い出してくる。臭いについても、簡単な防臭処置だけでは防ぐことができない。

このような遺体の入った棺は、できるだけ早く火葬場へ運んでいく必要がある。火葬場の方もそうした事情を理解しているので、手際よく炉に入れて焼いてくれる。だが、遺族がいる場合は、そうしたことが必ずしも迅速《じんそく》に行われるわけではないらしい。

植田氏の話である。

「ご遺族の中には遠方に住んでいらして、うちに手を合わせに来るのに何日もかかるケースがあります。そうなると、腐敗したご遺体をそれだけ長く保管しなければなりません。また、『最後に顔を見せてくれ』と言う方もいます。傷みの激しいご遺体については事情を説明して『やめた方がいいですよ』と伝えますが、どうしても見たいと言い張る人もいらっしゃいます。そんな時は目張りした棺を開けなければならないのですが、これはご遺族にとっても、私たちにとっても精神的にしんどいことです」

それでも、葬儀会社にしてみれば多少の利益にはなる仕事だ。葬祭扶助は二一万円だが、切り詰めて行えば五万円前後の実費で済む。つまり、一六、七万円の利益を出すことができるのだ。これを多いと取るか、少ないと取るかはそれぞれだが、警察と仲良くなって定期的に仕事を回してもらえるようになれば、年間を通してそれなりの売り上げにはなる。

植田氏は言う。

「福祉葬を受けるかどうかは、会社の考え方や規模によってまちまちだと思います。その労力が見合っていると考えれば受けるでしょうし、そうでなければ受けなくていい。いずれにしても、新規参入するのが難しい業界であることはたしかですが」

新しい会社であればあるほど、利益のために小さな仕事でもたくさん受けたいと考える。それが一部でサービスの劣化を招いてしまっている現実もあるのだけれど。

無縁遺骨の終着点

葬儀会社が行うのは、主に遺体の引き取りから火葬までである。葬祭扶助は、火葬までの費用は出るが、遺骨の埋葬費用は入っていない。親族が承諾すれば遺骨を引き取ってもらえるが、そうでなければ、宗教施設、もしくは自治体が代わりに引き取ることになる。

まず、宗教施設が引き取るケースについて見ていきたい。

お寺が行う永代供養《えいたいくよう》というものがある。これは遺族に代わってお寺が遺骨の管理や供養をすることだ。一般的に永代供養には数十万円の費用がかかり、それを支払えなければお寺は遺骨を引き取らない。

だが、西成区の寺の中には、常日頃から支援団体や生活困窮者と関係を持っているところもある。こうしたお寺では、生活困窮者の永代供養を格安、もしくは無料で行っている。そのため、生活困窮者が生前からこうしたお寺への埋葬を希望したり、死後に支援団体のスタッフが彼らの永代供養を頼みに来たりする。

他方、こうした宗教施設と接点がない場合は、自治体が遺骨を管理することになる。西成区を管轄している大阪市環境局の斎場霊園担当課長の秋田健司《あきたけんじ》氏（仮名、45歳）は、次のように話す。

「大阪市では年間に三万四〇〇〇件の火葬を行っています。このうち、引き取り手がないご遺骨は二六〇〇以上になります。全国の詳細なデータがないので定かではありませんが、これだけ引き取り手のないご遺骨が多いのは全国でも相当珍しいのではないかと思っています」

大阪市が取り扱っている「無縁仏のご遺骨」の数は、年々増加の一途をたどっている。二〇一〇年度には一五二四件だったものが、五年後の二〇一五年度には二〇三九件、二〇一九年度には二六八七件になっているのだ。これもまた高齢化時代の負の側面の一つといえるだろう。

では、そのような引き取り手のない遺骨は、どのようなプロセスを経て自治体によって埋葬されるのだろうか。

葬儀会社によって持ち込まれた引き取り手のない遺体は、市営の斎場で火葬されて遺骨になった後、いったん斎場に保管されることになる（大阪市の火葬場はすべて市営）。火葬が終了した時点で、引き取り手がなかったとしても、その後に名乗り出てくる可能性があるのですぐに埋葬してはならない決まりになっているのだ。

大阪市の斎場では、火葬した日から一年を経過した後の八月三十一日まで遺骨を保管することになっている。そして翌月の九月に行われる「無縁仏慰霊祭」によって無縁仏として慰霊された後、「大阪市設南霊園」の中にある無縁堂に納骨されるのである。この無縁堂ではすべての遺骨を布の袋に移し替えて納められるため、遺骨の区別はつかなくなってしまう。

秋田氏は語る。

「斎場で保管されるご遺骨は三〇〇〇以上あるんです。保管期間の一年の間に、おおよそ四分の一程度のご遺族が引き取りに来る。遠方に住んでいる方や家族や親族とのつながりが薄いなどの理由で、とりあえず市に火葬までしてもらった後にご遺骨だけ引き取りに来るというご遺族が少なからずいるということです」

こうした取り決めは、故人の周辺関係者にとって良い効果があるという。

「八月の末までは、親族しか引き取る権利がありませんが、そこから翌月の無縁仏慰霊祭までには二、三週間の猶予期間があるのです。実は、この期間だけは、親戚関係にない方、たとえばご友人など特別に親しくしていた方が引き取りを希望された場合は、その方への引き渡しが可能になります。市としては、無縁仏にするより、ご友人がいるならその方に引き取ってもらった方がいいという方針なのです」

これを聞いてふと思ったのが、これまで西成区で取材してきた性的マイノリティの問題だった。私が聞いた話では、彼らは高齢者になってもパートナーがいることが多いということだった。パートナーは法的な親族ではないので遺骨を引き取ることができないが、このルールを利用すれば、恋人の遺骨の引き取りは可能になるのではないか。

秋田氏は答えた。

「大阪市は同性パートナーシップ証明制度などLGBTQへの理解はある方だと思いますし、それによって遺骨の引き取りも可能になると思っています。ただ、高齢者の場合はまた事情が異なることも事実でしょう。それについては、パートナーシップ証明制度を利用していない方であっても、八月末から九月の無縁仏慰霊祭までの期間に申請していただければ、ご遺骨の引き渡しが可能になると思います。そういう希望には可能な形で応じたいというのが市の姿勢です」

話を聞きながら、私はギリギリのところで人間の尊厳を守ろうとする人々の真摯な姿勢にも胸を打たれた。

今は釜ヶ崎だけの問題に留まっているかもしれないが、将来的に経済格差や高齢化がさらに広がれば、他の地域でも次々と起こりうることだろう。その時に私たちは何を大切にし、何を守るべきなのか。釜ヶ崎から学ぶことは多い。


（二〇二〇年取材）

第四章

忘れられた日本人

隔離と爆撃——ハンセン病

楽園の島の隔離施設

沖縄県宮古島《みやこじま》に吹きつける六月の潮風は温かく、うっすらと花の香りが混じっていた。民家の庭にはブーゲンビリアや月桃《げっとう》の花が咲き、その上を無数の蝶《ちょう》が踊るように舞っている。沖縄本島から南西に約二九〇キロの珊瑚礁《さんごしょう》の海に浮かぶ宮古島は、この季節、マリンスポーツを楽しむ観光客でにぎわっていたが、私はレンタカーに乗ってハンセン病療養所「宮古南静園《みやこなんせいえん》」を目指していた。

日本政府が明治時代から隔離政策の対象としてきた元ハンセン病患者たちの多くは八十代から九十代に差しかかり、人生の終わりを迎えつつある。そんな人々の声を拾い上げておきたかったのだ。

ここでハンセン病患者の隔離政策について簡単にふり返っておきたい。ハンセン病は、かつて「らい病」と呼ばれていた感染症だ。らい菌の感染力は非常に弱いとされているが、昔は治療法が確立されていなかったため、一度発症すると病気を食い止めることが難しく、皮膚に赤や白の斑紋《はんもん》やしこりができたり、その周囲の感覚が失われたりした。そして時間をかけて鼻や耳、それに手足の指が変形し、視力が衰え、場合によっては指や足を切断しなければならなくなる。

患者の容姿が著しく変形するため、人々は彼らを必要以上に恐れ、迫害した。集落のある家からハンセン病患者が出ると、一家全員が村八分にされることも珍しくなかった。そのため家族は発病した家族を馬小屋に閉じ込めて隠したり、集落から追放したりした。

集落から追い出されたハンセン病患者は、森の奥深くに掘っ立て小屋を建てて暮らしたり、全国を漂流したりした。家族からこっそり食べ物をもらえた人は良い方で、そうでなければ病身を引きずって物乞いをして食いつながなければならない。そんな者たちは、「浮浪（放浪）らい」と呼ばれて蔑《さげす》まれた。

一九〇七年、日本は「癩《らい》予防に関する件」という法律を作り、全国に散らばるハンセン病患者を拘束し、家族や友人から引き離し、全国に作った国立のハンセン病療養所に隔離することを決めた。後に、国家による強制隔離政策として批判を浴びることになった悪名高い法律だ。

宮古島に日本最南端のハンセン病療養所である「沖縄県立宮古保養院（現・宮古南静園）」ができたのは、一九三一年のことだった。高い鉄条網に囲まれた園の中では、ハンセン病患者に対する隔離、監禁、強制堕胎《だたい》や断種手術などが行われ、太平洋戦争の最中には米軍の空襲を受けたり、食糧難による飢餓に陥ったりすることで、多数の死者が出た。

国のハンセン病患者に対する非人道的な政策は、一九九六年に前法を踏襲した「らい予防法」が廃止されるまでつづき、その後、国は元ハンセン病患者らが起こした国家賠償訴訟によって謝罪や補償を余儀なくされた。逆に言えば、平成の時代になるまで、彼らの人権は守られてこなかったのだ。

それから四半世紀が経った今もなお、宮古南静園には五九人の元ハンセン病患者がひっそりと暮らしている。彼らはどんな人生を送り、今この島で人生の最後を迎えようとしているのか。

宮古南静園で生きてきた三人の当事者の戦前から戦後にかけての体験を、時系列で記してみたい。

○豊見山一雄《とみやまかずお》①～戦前・戦中

僕は昭和四（一九二九）年に宮古島で生まれました。六人きょうだいの長男で、上にお姉さんが二人いました。十歳の時、お父さんの仕事の関係で、家族で台湾に渡ることになった。当時の台湾は日本の統治下にあったので、たぶん仕事もたくさんあったんでしょうね。台湾に行ってから、僕は現地にある日本人学校へ通っていました。

ハンセン病になったのは、戦時中だった十四歳の頃です。学校で友達がいたずら半分に鉛筆の先で僕の体を突いてきたことがあったんですが、まったく痛みを感じなかったんです。あれって思ってもう一度突いてもらったり、つねってもらったりしたけど、やっぱり皮膚の感覚がない。よく見ると、赤い斑紋が浮かんでいました。

家に帰ってお母さんに相談しました。

「なんか腕が赤くなってて感覚がないんだけど、どうしたんだろ」

お母さんは首を傾《かし》げて、僕を病院へ連れていきました。すると、先生から「らい病だ」と言われたんです。お母さんはそれを聞いた途端、血の気が引いて真っ青になった。僕はらい病のことを知らなかったので、どんな病気なのかと尋ねたんですが、お母さんは教えてはくれませんでした。

その晩、お母さんがお父さんに病気のことを伝えました。お父さんも僕には病気のことを説明してくれませんでした。

それからしばらくして、家にいきなり警察官が何人かやってきました。彼らは僕を指さして、お母さんに向かってこう言いました。

「この子はらい病だろ。すぐに楽生院（台湾にあったハンセン病療養所『楽生療養院』）に入院させろ」

きっと病院から僕がハンセン病だと通報があったのでしょう。それで僕は荷物をまとめて楽生院へ連れていかれることになりました。

楽生院には、台湾人と日本人のハンセン病の人たちが暮らしていました。人数はわかりませんが、何十人もいたと思います。子供から大人まで、性別もバラバラでした。

院の中には患者で作る組合があって、一番偉い人が「総代」と呼ばれていました。来て早々に、総代から呼び出され、こう言われました。

「おまえがここで暮らしているのがバレれば、家族みんなが町で差別を受けることになる。だからこれからは本名を捨てて別名を名乗りなさい」

それで僕は、「田中正夫」という偽名で生きていくことにしたのです。

楽生院に入った当初、僕は台湾人のお年寄りと二人部屋で生活していました。そのお年寄りは体中に症状が出ていて、手足の指がものすごく曲がっていた。僕はそれを見て「この人と同じ病気なわけがない」と思っていました。自分だけはいつか回復して、ここから出られるんだって。

しかし間もなく、僕は自分の病気がこのお年寄りと同じものであることを思い知らされます。何カ月かして、二人部屋から五人部屋に移されることになったんです。同じ部屋には四人の日本人の先輩がいたのですが、彼らも病気がかなり進行していました。僕が何かの拍子に家に帰りたいというようなことを言ったら、彼らから厳しい口調で言われました。

「おまえは二度とここから出られないよ。俺だって初めはおまえと同じくらいの軽い症状だったんだ。でも、治療法がないからどんどんひどくなっていった。おまえだって同じだ。何年かすれば俺たちと同じようになる。もう病気が治るとか、家に帰れるとか、変な夢を抱くな」

先輩の言葉がショックで、目の前が真っ暗になりました。それまでは将来ここを出た後のことを考えて教科書を開いて勉強をしていたんですが、自分はここから出られないんだと思ったら、やる気がなくなって勉強をやめてしまいました。

楽生院の大人たちから言われたように、家族が僕のことを避けていると知ったのは一年が経ったくらいのことでした。ある日、お姉さんから手紙が届いて、お父さんが亡くなったと教えられた。僕はどうしても線香を上げたいと思いましたが、施設を脱走して捕まれば、暗い監禁室に閉じ込められたり、職員に殴られたりします。先輩に相談したところ、こう言われました。

「朝晩の点呼の時は、俺がごまかしてやる。家に帰って位牌《いはい》に手を合わせたら、バレないうちにすぐにもどってこい」

僕は言われた通りに脱走して家に向かいました。けど、着いてみたら、家そのものがなくなっていたんです。僕が療養所に行った後に引っ越してしまったみたいでした。近所の人に聞き回ったところ、ある台湾人がお母さんの居場所を知っているから連れてきてあげると言われました。待っていたら、お母さんが一人でやってきました。一年ぶりの再会です。

僕はお母さんに会えたのが嬉《うれ》しく、楽生院を抜け出してきたことを話し、お父さんにお線香を上げたいと言いました。お母さんは答えました。

「おまえの気持ちはわかるけど、お姉さんは今、婚約している最中なんだよ。ハンセン病の弟がいることは話していないので、家に連れていくことはできない。もしバレたら婚約が解消されてしまうんだ。今日は辛抱して帰っておくれ」

お母さんの目には涙が光っていました。僕は自分の運命を呪い、黙って楽生院にもどりました。

この日を境に、僕は実家に帰るという気持ちを捨てました。お母さんもきょうだいも、僕と関係を絶ちたいと思っていたんですから仕方ないですよね。

こうして楽生院で過ごす中で、終戦を迎えることになったのです。

○平武志《たいらたけし》（仮名）①～戦前・戦中

一九三四年、平武志は宮古島にある海辺の小さな集落で生まれ育った。父親は漁業を営む傍ら、家では馬や羊を飼い、畑では野菜を育てていた。ほとんど自給自足の生活で、武志は幼い頃からその手伝いをしていたそうだ。

武志が顔に赤い斑紋が浮き出ているのに気がついたのは九歳の時だった。父親は、すぐにハンセン病ではないかと疑った。集落ではハンセン病のことを「でん」と呼んで恐れていたことから、父親は武志をいくつかの病院へ連れていって「治してください」と頼んだが、当時は治療法がなく、医者はみな手をこまねくことしかできなかった。

父親がすがったのが「ヤブ」と呼ばれる伝統的な治療師だった。今でいうシャーマンのようなものだ。ヤブは武志の赤い斑紋を刃物で傷つけて瀉血《しゃけつ》をさせたり、熱いお灸《きゅう》を据えたりしたが、まったく効果はなかった。そして音を上げるようにこう言った。

「うちではこれ以上の治療はできない。これ以上ひどくなる前に、黙って真座《まざ》へ連れていきなさい」

真座とはハンセン病療養所「宮古南静園」のある地名だった。つまり、療養所へ入れろということだ。

一九四四年、両親はついに治療を諦め、武志を宮古南静園へ連れていくことを決断する。だが、ギリギリまで武志は療養所へ行かされることを教えられていなかった。前日の夜、家の隅で母親がしくしくと泣いていた。武志がどうしたのかと尋ねたが、母親は黙って嗚咽《おえつ》している。首を傾げる武志に、父親は一言だけ発した。

「明日、真座へ行くから早く寝ろ」

この時、武志は真座が意味することがわからず、「明日は学校なのに」と思っただけだった。午前零時過ぎ、父親が布団で寝ている武志を揺さぶって起こした。彼は寝ぼけ眼の息子を連れて家を出ると、真っ暗な外を歩きはじめた。おそらく人目を憚《はばか》らなければ、療養所へは行けなかったのだろう。武志はそんなことはつゆ知らず、暗闇の中で草に足を取られて転びそうになりながら、必死になって父親の後を追いかけた。

二人が宮古南静園に到着したのは、朝日で東の空が白みはじめた頃だった。園の周囲には鉄条網が張り巡らされており、たった一つある入り口の脇には、木造の小屋が建っていた。

父親は小屋にいた職員を呼び、何かを伝えてから武志を引き渡した。そして何も言わず背を向けて、一人で来た道を歩きはじめた。この時になって初めて武志は自分の運命を悟った。

武志は父親に向かって叫んだ。

「お父さん！　何で！　何で！」

父親は一度もふり返らずに遠ざかっていった。

宮古南静園での生活は、それまで暮らしていた集落とはまったく異なった。園は夫婦や独り身の大人が暮らす成人向けの寮と、子供が暮らす少年寮に分かれていた。木造の少年寮には八畳間が四部屋あり、各部屋には四人ずつ住んでおり、武志はそこで生活することになった。

武志は、園に来れば医師にハンセン病を治してもらえるものと思っていた。だが、戦争が激化の一途をたどる中で、園は治療どころか、日々の食事さえままならない状況に陥っていた。これに拍車をかけていたのが、沖縄戦が近づくにつれ、次々と外部から連れてこられるハンセン病患者の数だった。

宮古島では沖縄戦に向けて本土から大勢の兵士が配備され、徹底抗戦の準備が進められていた。その過程で森の中に隠れていたり、島中を漂流したりしていたハンセン病患者が捕まり、送られてきていたのだ。そのため、食事の配給が足りなくなり、寝る場所さえ確保できなくなっていた。

園は職員の不足もあって、少年寮を解散させ、子供たちを園内の夫婦に引き取らせることにした。夫婦が養子のように子供を預かり、面倒をみることになったのだ。武志を引き取ったのは、同じ集落の出身の与那覇次郎《よなはじろう》(当時26歳)とその妻だった。

ここで、与那覇次郎について述べておきたい。次郎は一九一八年の生まれで、武志と同じく小学生の時にハンセン病の症状が現れた。兄が先に発病して宮古南静園に入っていたことから、家族はこの子だけは手元に置いておきたいと考えて、ヤブのところで治療を受けさせたが治らなかった。

一九三七年、集落でハンセン病の検査が行われ、次郎は病気であることが露見する。警察と集落会長が診断結果を受けて家にやってきて、すぐに療養所へ行くよう命じた。二十歳になったばかりの頃だった。

園では、若い次郎は体が頑丈だったことから、植林や道路工事といった肉体労働を任された。この時代、園内のインフラ整備は患者たちの役目だったのだ。重労働に耐えきれずに逃亡を図る者もいたが、捕まれば手錠をかけられて廊下の柱につながれたり、「作業刑」と呼ばれる重労働を科せられたりする。同室の者たちも連帯責任で、一週間の食事制限を強いられる。園内での労働は、本人の意思とは関係なく、従わなければならないことだった。

次郎にとって園での生活は耐えがたかった。どれだけ働いても、毎日出される食事は微々たるものだ。家族が心配して何時間もかけて園にやってきて芋や味噌《みそ》を届けてくれたものの、直の接触は禁じられていたため、次郎は全身を消毒液につけた後、入り口にある小屋の面会室で、親と数メートルの距離を置いて大きな声で言葉を交わすことしかできなかった。

入所して五年、次郎は人生の大きな転機を迎える。園内で知り合った同じハンセン病の女性と恋仲になったのだ。すぐに女性のお腹には新しい命が宿った。園では患者同士の結婚は認められていたが、子供ができないように断種手術を受けるのが条件だった。もし次郎たちが結婚したいと言えば、医師からは堕胎と断種の手術を強要されるのは間違いない。

次郎は彼女と話し合い、堕胎させられる前に園を脱走しようと決めた。ある日の深夜、次郎は彼女の手を引いて園を抜け出し、深い密林へと身を隠した。森の中で自給自足の生活をしようとしたのである。

掘っ立て小屋を建て、次郎は彼女と共に生活をはじめる。川の水を飲み、木の実や魚、時には虫までも食べるような生活だったらしい。近くの集落の人々に見つかって、出ていけと唾を吐きかけられたこともあったが、子供が生まれるまではと耐えつづけた。さすがの療養所も、生まれた子供までは殺さないだろうと思っていたのだ。

脱走から数カ月後、彼女は掘っ立て小屋の近くの畑で赤ちゃんを産んだ。医師にもかからず、自分一人で陣痛に耐え、分娩《ぶんべん》までしたのだ。だが、母体の栄養が乏しかったのだろう、生まれてきた子はたった一日で息を引き取った。

次郎は肩を落とし、これからどうするかを話し合った。下した結論は、このまま掘っ立て小屋で生きていくということだった。そして数カ月後、再び女性は次郎の子供を懐妊した。次こそは、と目を輝かせた。

掘っ立て小屋に憲兵が拳銃を持って押しかけてきたのは少ししてからだった。地元住民が通報したのかもしれない。憲兵は命じた。

「南静園にもどれ!」

次郎たちはうなだれ、従うしかなかった。

園にもどると、医師は女性を手術室へ連れていき、強制的に堕胎手術を行った。お腹から注射針を入れ、胎児に直接塩水を注射して殺すという手荒な方法だったらしい。その後、次郎も断種手術を施された。二人は結婚を認めてもらう代わりに、二度と子供の産めない体にされたのである。

この次郎夫婦が、少年寮の解散に伴って十歳だった武志を引き取ったのは、それから間もない頃のことだった。小さな命を二度にわたって失ったことで、武志をわが子として育てようと思っていたのかもしれない。武志も次郎夫婦を両親のように慕い、家事から防空壕《ぼうくうごう》掘りまであらゆることを手伝った。

一九四五年の三月になると、米軍は宮古島に対して無差別攻撃を行うようになった。園も標的になり、米軍機が何度もやってきては爆弾を落としたり、機銃掃射したりした。同月十五日の空襲では入園者一人が即死、五～六人が重傷を負った。重傷者の一人が次郎の兄で、左腿《ひだりもも》を撃ち抜かれていた。

立てつづけに行われた空襲によって、園の診療所や寮はほとんど焼け崩れ、職員たちは職場放棄して逃げ去ってしまった。廃墟に残された患者たちは、園の外に出ることもできず、壕に身を潜めることにした。しばらくすると日本兵がやってきてこう言った。

「沖縄防衛のため、この壕は軍が使用する。貴様らは出ていけ」

患者たちは仕方なく、病身を引きずるようにして一キロほど離れた山へと移動した。山には湧き水と森以外に何もなかったが、ここならば追い出される心配はないだろうと考えたのだ。次郎夫婦は丸太を集めて掘っ立て小屋を作り、武志と重傷の兄と共に寝泊まりした。

武志は語る。

「小屋に住んだものの、お兄さん（次郎の兄）は手当てができなかったので、左足の傷がどんどん悪化していった。やがて膿《う》んだ傷からものすごい悪臭がするようになって、耐えられないほどになった。それでおじさん（次郎）は別に小屋を建て、お兄さんにはそっちに住んでもらうことにした。

僕の役割は、動けないお兄さんの介護だった。毎日海水を汲《く》んで小屋へ行って、お兄さんの膿んだ傷を洗ってあげるんだ。この時、お兄さんは『今日は傷口からいくつも骨の欠片《かけら》が出てきた』とか『傷についた蛆虫を二十匹取った』なんて話をするんだけど、気持ち悪くて聞いていられなかった。結局、お兄さんは治療を受けられないまま、空襲から二カ月後に『長い間看《み》てくれてありがとう』と言い残して亡くなったさ。三十五歳だった」

遺体は、弟の次郎によって山中に埋められた。

山で生死の境を彷徨《さまよ》っていたのは、次郎以外の患者たちも同様だった。体が不自由な上に、食糧も薬もなければ生き延びられる方が奇跡だ。ある患者は飢餓に陥り、ある患者は赤痢やマラリアといった感染症にかかり、次々と命を落としていった。一日に三〜四人の死者が出ることも珍しくなかった。

若かった武志もまたマラリアにかかって死の淵《ふち》を彷徨ったことがあった。高熱が出て数時間おきに発作に襲われたが、次郎夫婦たちの必死の看病によってなんとか回復することができた。

だが、武志のように助けてもらえる子供は少なかった。親代わりの夫婦が自分たちのことで精いっぱいになり、引き取った子供を見捨てることもあったのだ。そうした子供たちは浜辺で寝起きして木の実を食べて飢えをしのいだが、やがて一人またひとりと命を落としていった。そして五カ月ほどの間で、少年寮に住んでいた子供たちは、武志以外全員亡くなったのである。武志は自分が生き延びられた理由を次のように語る。

「おじさん夫婦のおかげで、僕は今生きてるって思ってる。あの人たちが僕にご飯をくれたり、世話をしてくれたりした。二人がいなければ、僕は戦争を生き延びられなかったさ。家族にも捨てられた僕を守ってくれたことは、本当に感謝してる」

一九四五年八月十五日。ラジオから昭和天皇の玉音放送が流れ、日本は連合国軍の前に無条件降伏をする。山に身を潜めていた患者たちがそれを知ったのは、終戦から何日かが経った日のことだった。島民がやってきて、戦争は終わったと教えられたのだ。

患者たちが山を下りると、園は米軍に焼き払われ、真っ黒な焦土と化していた。ここは人間の住める土地ではない。そう思ったものの、故郷に帰っても迎えてくれる家族はいなかった。患者たちは諦めたように焼け野原に散らばる瓦礫を整理し、丸太などでバラックを作らざるをえなかった。

○豊見山一雄②～戦後

戦時中はずっと台湾にあるハンセン病療養所の楽生院にいました。日本が戦争に負けたと知ったのもそこだった。

敗戦の知らせを聞いて思ったのは、自分はどうなってしまうんだろうということです。それまで日本が台湾を統治していましたが、戦争に負ければ出ていかなければならなくなる。今後のことがすごく不安でした。

終戦からしばらくして、楽生院にいた他の患者から「ここに暮らす日本人は日本に送り返されるらしい」と教えられました。台湾人の患者は留まり、日本人の患者だけが送還されるというのです。

昭和二十一（一九四六）年の十二月になってようやく、楽生院にいたハンセン病の日本人の引き揚げがはじまりました。事前の話では、患者は帰国後に出身地に近いところにある療養所へ収容されるということでした。沖縄出身の患者は沖縄で下ろされて、それ以外の土地の出身者は福岡まで行き、そこから地元の療養所へ送られるのです。

僕は宮古島の出身でしたので、行き先は宮古南静園だと思っていました。しかし、沖縄本島で下ろされ、そこにあった「愛楽園（沖縄愛楽園）」に収容されることになりました。宮古島の方が良かったですが、そんなことを言えるような状況ではありませんでした。

愛楽園にあった建物は、沖縄戦の米軍の攻撃で倒壊していました。地面にも爆弾が落ちた穴があちらこちらに開いていて、雨水が溜まっていた。こんなところで暮らさなければならないのかとがっかりしたのを覚えています。

園には米軍が建てたコンセット（かまぼこ型の兵舎）が残っていたので、僕らはそこを宿舎の代わりに使っていました。一人につき畳一畳分のスペースが割り当てられて、床にゴザを敷いて眠るんです。配給なんてろくにありませんから、敷地内で野菜を栽培したり、海で魚を獲ったりして空腹を満たしました。

嫌だったのが、園内の工事の手伝いをさせられたことです。壊れた建物を解体する、爆弾のクレーターを埋める、瓦礫を運ぶといったことをするのです。僕は十八歳で病気がそこまで進んでいなかったので、元棟梁《とうりょう》だったという先輩からこき使われました。

園はだんだんときれいになっていきました。最初の半年とか一年くらいは、ほとんど新しく入ってくる人がいなかったのですが、それを過ぎてからは入所者が増えるようになりました。沖縄戦の混乱の中で各地に散らばった患者たちが捕まって、園に送り返されていたようです。病の人ばかりでなく、その人の健康な奥さんまで間違えて一緒に送られてきたこともありました。

その頃になると、園には医者や職員がそろうようになりましたが、まともな治療は行われていませんでした。まだプロミン（ハンセン病の特効薬となった薬）が日本に入ってきていなかったのです。代わりに行われていたのが大風子油《だいふうしゆ》の注射です。

この注射は、江戸時代から行われていたものらしく、植物から採った脂肪油を週に何度か注射するんです。本当に効果があったのかどうかは今でもわかっていません。一つ言えるのは、ものすごい痛い注射だということです。僕は耐えられずに先生に向かって何度もやめてくださいと訴えたんですが、病気を悪化させて足を切断するのがいいのか、我慢して注射を受けるのがいいのかって言われるものですから、歯を食いしばるしかありませんでした。

愛楽園でプロミンが使用されるようになったのは、終戦から四、五年が経ってからだったと思います。すでに外国でプロミンという新しい薬が開発されたことは聞いていましたので、みんな大喜びです。これでようやく病気の苦しみから解放されるという気持ちでした。

最初の頃はプロミンの量に限りがあったので、効果が期待できるような患者が優先されることになりました。簡単に言えば、発症からの年月が浅く、若くて健康な人です。僕は若かったのですが、発病してから一〇年くらい経っていて、体中にいろんな症状が出ていたものですから後回しにされました。

プロミンの効果は抜群で、治療を受けた人は病気の進行がぴたりと止まりました。園を離れて、外で働く準備をする人たちも現れました。僕も今か今かと待っていたのですが、なかなか順番が回ってこない。そのうちに別の症状が体に出はじめ、いろんなところに不自由が生じるようになりました。

ある日、医者の先生からようやくプロミンの順番が回ってきたと言われました。治療を受けたことによって病気が悪化することはなくなりましたが、すでに体に出てしまっている症状までは治すことができませんでした。僕は病気が治ったら、外へ出て働きたいと思っていたんですが、これでは希望は叶いそうにありませんでした。このままずっと園に留まって生きていかなければならないのかと思うと目の前が真っ暗になりました。

ただ、あの頃は、園を出るにせよ、残るにせよ、どちらを選んでも大変な困難が待ち受けていました。園の中ではプロミンのおかげでハンセン病は治る病気という認識に変わっていました。しかし、園の外の人たちはそんなことは知らず、昔ながらの古い差別意識をむき出しにしていました。だから、せっかく治療を受けて園の外で働こうとしても、心ない人たちからひどい差別を受けて、「愛楽園へ帰れ！」と怒鳴られることもあったのです。実際に、こういう経験をして落胆し、園に帰ってきた人たちもいました。

僕は園で暮らすことを選んだとはいえ、ずっと愛楽園にいつづける気はありませんでした。故郷の宮古島にある南静園へ行きたいと願っていたのです。それが叶ったのは、病気が治ってからしばらくしてからのことでした。

○平武志②～戦後

終戦の直後、宮古南静園は米軍の攻撃で徹底的に破壊されていたため、平武志は心配してやってきた父親に連れられ、実家で暮らすことになった。

実家では、両親の畑仕事や家事を手伝うなどして過ごしていた。だが、だんだんと病気が進行し、顔が赤く腫《は》れたり、指の感覚がなくなったりするなど、全身に異変が生じはじめた。武志は近所の人たちの目を恐れて外出を控えるようになり、やがて家の薄暗い裏座に身を潜めて外に出なくなった。

実家でのひきこもり生活は、三年後に兄が戦地から帰還したことで終わりを迎える。兄は家業を継いですべてを一から立て直さなければならなかったが、武志の存在はその足枷《あしかせ》になった。兄はことあるごとに父親に対して「武志を南静園に帰すべきだ」と進言した。父親は決断しかねたが、武志は家族の重荷になりたくないと思った。

一九四八年のある日、武志は自ら父親に切り出した。

「僕、南静園に帰る」

父親は黙ってうなずいた。土砂降りの雨の日、父親は馬に武志を乗せて園まで送り届けた。武志は、十四歳になっていた。

宮古南静園に到着した武志は、久しぶりに見る光景に驚いた。焼け野原だった敷地内に、新築の寮が二二棟も建っていたのだ。米軍の支援によって建設されたのだという。

二度目の園での生活は戦時中とは違った。武志は話す。

「園には新しい建物ができていたけど、戦争の後片付けはたくさん残っていた。ちょうどその頃、園の中に自治会ができて、入所者たちは自分たちでいろんなことを決めてやっていこうという空気ができていた。畑での野菜栽培や、建物の修繕、それに園内で亡くなった人のお葬式といったことまですべて自分たちでやることになった。

大変だったのは、戦時中に亡くなった人たちの供養だったさ。山で命を落とした人たちはそこらに埋められたままになっていた。その遺体を一人ひとり掘り起こして火葬し、園内に納骨したんだ。知り合いもたくさんいたからつらい作業だった。

葬式といえば、その後も園で入居者が亡くなると、家族に引き取られるケース以外は、園内の火葬場でお骨にして納骨堂に納めた。あの頃は葬儀会社なんて来てくれないからね。ある一人の先輩が火葬の仕事を進んでやってくれて、それが何十年もつづいた。あの先輩はどんな気持ちで火葬を引き受けていたんだろうね」

大人たちは園で暮らす子供の教育だけは保障してあげようと考えていた。そして、教員免許を持っている大人が、毎日子供たちを集め、読み書きや計算を教えていた。武志もそんな生徒の一人だった。

園にプロミンが入ってきて、医師による本格的な化学治療が行われるようになったのは、武志が再入所した翌年の一九四九年だった。沖縄愛楽園同様にプロミンの数が限られていたことから、医師は病状があまり進んでおらず、効果が期待できる患者から順に治療を行うことにした。幸い、武志はその一人に選ばれた。

数カ月、プロミンによる治療を行うと、武志の顔の赤い腫れはみるみるうちに治まっていった。体に現れていた斑点も消えた。驚くぐらいに薬の効果はてき面だった。他の入所者たちは武志の回復具合に目を丸くし、「自分も受けたい！」と口々に言いだしたそうだ。

武志はふり返る。

「プロミンはたしかに効果があったさ。でも、それは病気の進行を止めるだけで、顔や手が完全に元通りになるわけじゃなかった。後遺症が残ってしまうんだ。僕の場合、顔の腫れは治ったけれど、その分の皮膚が余って垂れてしまった。これでは見た目からハンセン病だってわかってしまう。僕は園から出て、外の学校へ通ったところで、他の子から怖がられるだろうと思ったので、当面は園の中で生きてくことにした」

プロミンの治療がはじまった後も、国が作ったらい予防法は残っていたし、人々の迫害はつづいていた。武志は故郷に帰らなかったのではなく、帰れなかったのだ。

園では武志のような子供たちのために、敷地内の学校を正式に建て直すことにした。新しい学校名は「琉球《りゅうきゅう》政府立宮古稲沖《いなおき》小中学校」。武志はその中学の第一期生として入学を果たした。

○知念正勝《ちねんまさかつ》①〜戦後

宮古島から約六二キロ離れたところに水納島《みんなじま》という小さな島がある。戦後間もない頃は四〇軒ほどの民家しかなく、島民は合わせても二〇〇人前後。みんな漁業を営みながら暮らしていたという。

そんな島の漁師の家で、知念正勝は生まれ育った。七人きょうだいの長男だったことから、両親の期待も大きかった。正勝がハンセン病であることに気づいたのは戦時中の一九四二年、九歳の頃だった。

その前の年、正勝が学校で友達と腕相撲をしていたところ、傍にいた同級生に「おい、肘から出血しているぞ」と言われた。見ると、肘が切れて血が流れていたが、不思議なことにまったく痛みを感じなかった。後から考えれば、これがハンセン病の兆候だった。

次の年、正勝は着替えている時に、いつの間にか臀部《でんぶ》に白い斑点が出ているのに気がついた。あまり見慣れない斑点だった。すぐに治るだろうと思っていたが、日が経つにつれて広がっていく。正勝はハンセン病ではないかと疑った。

正勝がそう考えたのは、水納島で過去に何人もハンセン病患者が出ていると聞いていたからだ。島の人たちはハンセン病患者を「クンカー」とか「ミツヌムヌ」と呼び、林に小屋を建てて隔離していた。祖母からは、一度ハンセン病になれば死ぬまで林の小屋で暮らさなければならないと教えられていた。

正勝は臀部の白い斑点を隠しながら過ごしていたが、体には他にいろんな症状が現れるようになった。しばらくすると、腕や足の神経が腫れて自由に動き回ることができなくなり、学校へも行けなくなった。戦争が終わる頃には、傍目《はため》にもわかるほどに手の指が変形していた。

十八歳のある日、家に親戚のおじさんがやってきた。おじさんは正勝の両親に言った。

「島の人たちが、正勝は〝クンカー〟じゃないかと噂してるぞ。本当にそうだったら、みんなに迷惑がかかる。ちゃんと医者へ行って診てもらえ」

正勝は仕方なく隣の多良間島《たらまじま》の診療所で診てもらったが、ここでは大きな病気の診断はできなかった。そこで、両親と三人で宮古島の病院へ行くことにした。

水納島から宮古島までは船しか交通手段がなく、病院で診察を受けるとなれば一週間はかかる。父親は正勝を連れて宮古島に到着すると、同郷の人の家へ行き、宿泊させてほしいと頼んだ。島民の間では、同じ島の出身者が来れば、泊めてあげることが暗黙の了解になっていた。

だが、同郷の人々は、正勝の顔を見ると、あれこれ口実をつけて断ってきた。すでに正勝がハンセン病らしいという噂が広まっていたのだろう。正勝たちは足を棒にして何軒も同郷の人の家を回った末に、ようやく一軒だけ受け入れてくれる家を見つけた。家主が情けをかけて、「物置になっている裏座ならいいよ」と言ってくれたのである。地獄で仏に会ったような思いだった。

　翌朝、三人で家主にお礼を言いに行こうとしたところ、その家族の者が消毒剤「クレゾール液」で正勝が触れた床や壁をゴシゴシと拭いているのを見かけた。表面上は親切さを装っていても、心の底ではハンセン病を恐れていたのだ。正勝たちは逃げるように家を出ていった。

　宮古島で三人は最初に水納島で教えられた病院へ行ったが、医師から診断を断られた。代わりに渡されたのが、宮古南静園で園長を務めていた医師への紹介状だった。それを持って、園長のところへ行った。園長は正勝の体に現れている症状を見て言った。

「ハンセン病だね。今はいい薬が出ていて、それを使えば病気の進行を食い止めることができる。ただ、治療を受けるには、園に入所することが条件になる。なので、すぐに入所の手続きをとりなさい」

　園に入所すればしばらくは帰れないだろう。正勝は一度島にもどり、親戚や友人に別れのあいさつをしてくることにした。

　宮古島の港へ行き、正勝は両親と共に船の出航を待った。だが、折悪しく強風が吹き荒れ、海は荒れていた。ようやく船が出たと思ったら、わずか一時間で暴風雨に襲われ、港に引き返すことになった。

　三人は宿泊先を探すしかなくなったが、先日の苦い経験から、同郷の人に頼るのは無理だと思った。彼らが向かったのは、トゥリバー地区にあった壕だった。ゴツゴツした岩場に親子三人で川の字になって横になったものの、正勝は絶望に打ちひしがれて眠りにつくことができなかった。

数日後、晴天に恵まれた海を船で渡り、水納島に帰った。すでに宮古島でハンセン病だと診断されたという話は島民全員に伝わっており、家族は肩身の狭い思いをしていた。正勝はそれを知り、もはや望むと望まざるとにかかわらず、自分は園に入るしかないのだと覚悟を決めた。

そんな家族の中でただ一人、正勝が園に行くことに反対してくれた人物がいた。幼い頃からかわいがってくれた祖母である。園に入れば二度と会えなくなると思っていたのだろう。祖母は泣きすがって言った。

「宮古へなんて行かなくていい。うちの畑の隅に小屋をつくって住みなさい。私が世話をしてあげるから」

気持ちはありがたかったが、これ以上迷惑をかけるわけにはいかない。正勝は言った。

「今は新しい薬もあるみたいなんだ。必ず治して家に帰ってくるから安心して！」

一九五一年五月、正勝は父親らに伴われて水納島を離れて宮古島へ渡り、宮古南静園に入所した。この時の気持ちを、正勝は次のように語る。

「宮古島に向かう船の上で、いっそ海に飛び込んで死んだ方がいいんじゃないかと思いました。でも、それをすればおばあさんやお母さんが悲しむでしょ。その思いだけで自殺を考え直しました。

園に来てみたら、同じ島の人が三人暮らしていました。男性が一人、女性が二人です。僕と同じように島にいられなくなって、ここに来たんでしょう。その人たちからもう何年も住んでいるという話を聞いて、やっぱり島へは帰れないのかなと思って悲しくなったものです」

ハンセン病を治して水納島に帰ってくる。そんな祖母とした約束は、ついに果たされることはなかったのである。

○平武志③～高度経済成長期

一九五六年、平武志は二十二歳になっていた。ある日、彼は宮古南静園の検査技師からこう言われた。

「ここを退園する気はないのか。もう君の体にはらい菌はいないんだぞ」

七年前にプロミン注射などの化学療法を受けたことで、武志のハンセン病は治っていた。外見にわずかな後遺症が残っていたものの、二十代前半という年齢もあって、園は社会復帰を勧めたのだ。

そう言われた武志は、喜びより戸惑いの方が大きかった。園の外では未《いま》だにハンセン病に対する風当たりが強かったし、十歳の頃から園で暮らしていたこともあって社会で生きるイメージが持てなかった。かといって、これから半世紀以上ある残りの人生をずっと園の中だけで過ごすわけにはいかない。覚悟を決めなければならなかった。

武志は社会復帰の準備として自動車の運転免許証を取得することにした。園内にコースを作って練習を重ねて、免許証を手に入れた。その後、彼は宮古島を離れて、沖縄本島の沖縄愛楽園に転園した。那覇《なは》市に療養所を出た人の社会復帰を支援する施設「後保護指導所」ができていたからだ。

彼は言う。

「宮古島を離れたのは、後保護指導所があったことに加えて、外で生きていくなら家族のいない土地に行かなければならないと思っていたからさ。あの頃は、園の出身者への差別はまだ残っていた。僕が外で働いていれば、家族にまで迷惑がかかることになる。だから、新しい土地で人生をやり直すべきだと思ったんだ」

宮古島の人間関係は狭い。園の外で働いていれば、自分を知っている人から後ろ指をさされ、家族までもが中傷されかねない。それを避けたかったのだ。

沖縄本島に到着した後、武志は那覇市でボイラー技士免許を取得してガラス工場で働きはじめた。だが、他の人たちと同じように働くことは困難だった。ハンセン病の後遺症によって皮膚の感覚が失われていたことから、熱さを感じることができず、知らないうちに高温の機械に触って何度も火傷《やけど》をしたのだ。

このままボイラーの仕事をしていれば、いつか大事故を起こして二度と働けない体になりかねない。武志はそんな不安に駆られてガラス工場を辞めてタクシー会社に転職し、運転手として生きていくことにする。

毎日、武志はタクシーに乗り、那覇の歓楽街などを走り回った。タクシーの仕事は、ガラス工場のような危険はなかったが、別の不安があった。彼の身体にはハンセン病の後遺症が残っている。後部座席に乗り込んでくる客に気づかれ、文句を言われないか気が気でなかったのだ。

ある日、町中でタクシーを流していたところ、たまたま客として宮古南静園の元園長が乗り込んできた。武志は再会を懐かしみ、今の生活のことや、人々の無理解に苦しんでいることを話した。元園長はじっと耳を傾けて、「できることがあれば力になる」と言ってくれた。

一年後、沖縄愛楽園から連絡があった。園のボイラー技士を探しているので働かないかという誘いだった。元園長の口利きがあったのかもしれない。一般社会で働く緊張感で疲れていたこともあり、彼はその話に飛びつき、園で働くことにした。

武志は語る。

「愛楽園の仕事をもらえたことで、気持ちの上ではだいぶ楽になったさ。入所者なら僕にハンセン病の後遺症があったとしても驚かないし、差別もしないから。ただ、家族とは最後までうまくいかなかった。特にきょうだいとはずっと手紙や電話のやりとりさえなかった。

きょうだいに遠ざけられていると感じたのは、父親の七十歳のお祝いの時だった。久しぶりに呼ばれて実家に帰ったら、親族の一人が僕の存在に気づかず、兄に『武志は今どこにいるのか』って尋ねたんだ。そしたら、兄は気まずそうな顔で黙り込んで何も言わなかった。この場にいると言ったら、相手を怖がらせると思ったんだろう。僕はそれを見て、家にいてはいけない存在なんだって思った。とても寂しかったさ」

武志は沖縄愛楽園のボイラー技士として六十歳の定年まで働いた。だが、沖縄本島に残ることはなかった。人生の最後は故郷で過ごしたいと考え、宮古島に家を建てて暮らすことに決めたのである。

○知念正勝②～高度経済成長期

水納島から宮古南静園に渡った知念正勝には、想像もしていなかった運命が待ち受けていた。園でハンセン病の治療を受けている最中、正勝は園にいた入所者の女性と恋に落ちたのである。二十歳を過ぎたくらいの時だった。

二人が一生を共にする約束をして籍を入れると、間もなく妻のお腹に正勝の子供が宿った。かつて園では結婚と同時に断種手術を強要されていたが、この頃は絶対条件ではなくなっていたことから、妊娠できる環境だったのだ。二人は喜び、子供の誕生を心待ちにした。

だが、妻のお腹が大きくなるにつれ、園の入所者や職員からの冷たい視線を感じるようになった。断種や堕胎は不必要になったはずなのに、戦前にそれを経験してきたお年寄りや職員には、入所者の出産は認めがたいことだったようだ。

正勝は語る。

「園の先輩たちは自分たちが堕胎してきた経験があったし、園には赤ん坊を育てるための環境も整っていなかったでしょ。だから、僕ら夫婦が産むつもりでも、周りの人たちはとんでもないことだと考えていたんです。お腹が大きくなると、入所者の先輩や職員が代わる代わる妻の元にやってきて『いつ堕胎をするのか』と問い詰めてきたようです。妻は僕に心配をかけまいとして黙ってたけど、いろんなプレッシャーでおかしくなるほどだったと話してました」

妻は周囲からのプレッシャーで精神的に追いつめられ、正勝には内緒で堕胎手術を受けることを決意する。園の病院へ行くと、医師は長い針の注射器を取り出してきた。これを膨らんだお腹から直接胎児に刺し、薬物を注入して死産させるということだった。だが、この日は針がうまく胎児に届かず、医師からは「明日やり直そう」と言われて帰された。

この晩、正勝は妻と向き合っていて何か様子がおかしいと感じた。事情を尋ねると、彼女は泣きながら堕胎手術を受けて失敗したことを打ち明けた。

正勝は頭に血を上らせて言った。

「二度と堕胎手術なんて受けるな！　誰から何を言われても、僕らの子供を産むんだ！」

妻はうなずいた。

数カ月後、妻は無事に女の子を出産した。正勝にとっては待望の第一子だった。

二人は大きな愛情を注いで、必死の思いで子育てをしたが、一年ほどであきらめざるをえなくなった。園には育児環境がまったく整っていなかったのだ。病院には小児科医はおらず、子供用の薬もない。売店ではオムツも粉ミルクも手に入らず、おもちゃなども皆無だ。また、幼稚園もないので、三歳、四歳になっても保育どころか、同世代の子供と遊ぶことすらできない。いくら力を合わせてがんばっても、園で育てていくことには限界があった。

二人は話し合い、泣く泣く子供を水納島の実家に預けることを決めた。正勝はこの時の経験から、「もう子供は作らないようにしよう」と考え、自分から断種手術を受けることを決めた。

再び妻が妊娠することがあれば、また周囲から冷たい目を向けられるし、第二子が生まれてもまたつらい思いをするだけだ。それなら自分が断種すれば、妻に負担をかけずに済むと考えたのだ。手術を受けた時、正勝は自分で決めたことではあったものの、悔し涙が溢れた。

それから時が流れ、一九六〇年代の前半になった。この頃、琉球政府の移住計画により、水納島に暮らす島民が宮古島に集団移住することになった。島では長年にわたって水不足や台風の被害に苦しんでいたことから、安全な暮らしを求めてほぼすべての島民が引っ越したのである。

これに伴って、水納島にいた実家の母親も正勝たちの娘を連れて宮古島に引っ越してきた。正勝は故郷に帰るという夢を失ったが、愛する娘と同じ島に暮らせることになったことを喜んだ。

少しして、正勝夫婦の生活を変える出来事が起こる。ある日の真夜中、園にいた正勝夫婦のもとに小学二年生になっていた娘が一人でやってきたのである。家から園までは四キロ以上あり、途中の道は未舗装で街灯すらない。真っ暗な道をひたすら歩いてきたらしい。

「一体どうしたんだ。家で何かあったのか」

正勝は尋ねたが、娘は口をつぐんで何も答えず、瞳が寂しく悲しそうだった。

彼はこの時の気持ちを語る。

「その晩は、布団を敷いて三人並んで眠ったけど、娘に対して申し訳ない思いでいっぱいでした。これまで僕は自立して生きていく自信がなく園で暮らしてきた。でも、そのせいで幼い娘をずっと独りぼっちにして、つらい思いをさせていたわけです。僕は本当に情けない親だと思いました。それで、妻と話し合って、園を出て自分たちの手で娘を育てようと決めたんです」

正勝は園の護岸工事をしていた建設会社の社長に頼み込み、社員として雇ってもらうことにした。そして思い切って妻子を連れて園を出た。

だが、いくら探しても、アパートが見つからなかった。元ハンセン病患者の夫婦ということがネックになっていたらしい。仕事もしなければならなかったことから、やむをえず妹夫婦の家にあった三畳の裏座を借りることにした。

初めての園の外での生活がはじまったが、初めから妹の家族との同居はトラブルの連続だった。近隣の人から良く思われていなかったことに加え、正勝の娘が妹の子供とぶつかるようになり、この家に住みつづけたくないと言いだしたのだ。妹の方も困っているようだった。

正勝は再び家を探し、ある人の紹介で古い空き家を貸してもらえることになった。いざ引っ越し作業をはじめたところ、家主がやってきてこう言い放った。

「あんたら夫婦には、この家を貸せない！」

どこかから正勝たちが元ハンセン病患者であることを聞いたのだろう。正勝はうなだれて、妹の家に引き返した。

その後も家探しはうまくいかなかった。正勝は困り果て、仕事先の棟梁に相談した。棟梁は言った。

「それなら、どこかに土地を見つけてこい。空き地でいいから、誰かに借りるなり、買うなりするんだ」

正勝はあちらこちらを探し回り、どうにか空いている土地を貸してもらった。すると、棟梁は「俺が家を建ててやる」と言って、材木店から材料を取り寄せ、一〇坪のトタンの家を建ててくれた。小さな家だったが、正勝にとっては大御殿のように思えたという。

数年間、正勝はこの建設会社で働いて現場責任者にまでなったが、手足の感覚がないこともあって怪我が絶えなかった。これでは体への負担が大きい。そんな不安から、彼は会社を辞め、新聞配達の集金の仕事に就いたが、行く先々でハンセン病だと疑われ、冷たい言葉を投げつけられた。他のところに転職しても同じだった。

ようやく安心して働ける職場を見つけたのは、三十代半ばの頃だった。宮古スキンクリニックというハンセン病の患者がかかる皮膚科の診療所があり、そこでケースワーカーの仕事をする人を募集していたのだ。

正勝は働きはじめてすぐに自分には天職だと思った。ハンセン病の人が相手ならば差別されることはないし、自分の経験を仕事に活かすことができる。何より患者からの信頼も得やすい。彼は患者と膝を突き合わせて話を聞き、一緒になって治療や生活のことを考えていくことに大きなやりがいを感じた。

やがて正勝はもっと専門性を磨きたいと考えた。そして猛勉強してケースワーカーの資格を取得してクリニックの正職員となり、一七年も働いた。

クリニックを退職した後、正勝が取り組んだのがハンセン病訴訟（らい予防法を違憲とする国家賠償請求訴訟）だった。ハンセン病患者の強制隔離を定めたらい予防法は違法だったとし、国家賠償請求をした訴訟である。

正勝は当時をふり返る。

「全国各地にハンセン病の療養所がありますよね。ハンセン病訴訟は、それらの療養所にいる人たちが一緒になって起こしたものでした。

その頃、僕は腰を痛めて南静園に再入所していたんです。手術を受け、職員の人の世話になりながらのんびりと生活していた。そしたら関係者の人から、『国を相手に裁判をするには、ハンセン病の患者で原告団を結成しなければならないから手伝ってくれないか』と言われたんです。それで僕が事務局長になって、他の人たちに呼びかけたり、裁判に必要な証拠を集めたりしたのです。

元ハンセン病の人たちが気にしていたのは、原告団に入ることで本名が公になるのではないかということでした。ハンセン病が治る病気になってからずいぶん歳月が経っていたのに、自分がハンセン病だと知られれば、きょうだいや、子供たち、それに孫まで差別されるのではないかと未だに恐れていたんです。

二〇〇一年に裁判で勝訴したという知らせを受けた時は、嬉しいというより、なんで今まで認められなかったんだという思いが強かったです。あれだけの差別を生み出した法律がずっと残っていたことの方がおかしいわけですから」

裁判が終わった後、正勝は園を離れ、外に家を持って生活していくことを決めた。園で生活するというのは国の支援に人生を委ねることに他ならない。自分を差別しつづけた国に頼るのではなく、自立した社会人として生きていきたかった。

　現在、正勝は家族と共に暮らしながら、時々園に通ってハンセン病歴史資料館で語り部《かたべ》をしている。たまにやってくる社会科見学の学生に園を案内したり、学校の人権講座で話をしたりしているのだ。今は健康が許す限り、ハンセン病の歴史を若い人たちに伝えていきたいと考えているという。

○豊見山一雄③～現在
　僕は十四歳で台湾の楽生院に入ってから、九十歳になる今に至るまで、ずっと療養所で暮らしてきました。

　社会復帰しなかったのは、僕の場合は身体的な問題を抱えていたからです。病気の後遺症によって体を自由に動かすことができなかった。もっと早くに適切な治療を受けることができたら違っていたのでしょうが、戦時中に病気が進行してしまったことを考えれば仕方がありません。

　台湾の楽生院から沖縄本島の愛楽園へ。そこからさらに南静園に移ってきたのは、一九八五年のことでした。死ぬまで療養所で生きていくのなら、せめて故郷の宮古島にもどりたいと思ったからです。宮古島に来てからは、台湾で作った偽名の田中正夫を捨てて、本名にもどしました。

僕が宮古島で本名を堂々と名乗れるようになったのは、その前に家族との関係が修復できたことが大きかったです。終戦後に家族も台湾から沖縄に引き揚げたそうですが、長い間連絡が取れませんでした。

そんなある日、入所者の一人が、偶然にも僕のお姉さんの居場所を知っていることがわかったんです。その人の話によれば、那覇に住んでいるとのことでした。それで那覇に行く用事があった時、僕はその住所を頼りに家を訪ねてみたんです。

家の近くまで行くと、見覚えのある女性が前から歩いてきました。よく見ると、なんと僕のお母さんだったんです。お母さんもすぐに気づいて駆け寄ってきてくれました。それでいろんなことを話し、家族みんなと連絡が取れるようになったのです。

僕が宮古島の南静園に移ってしばらくしたら、お姉さんが家庭の事情で本島から宮古島に引っ越してきました。園から家まではそんなに距離がなかったので、僕は時々家に遊びに行かせてもらいました。お姉さんの旦那さんも優しい人で、僕を受け入れてくれました。そうそう、甥《おい》っ子が園に泊まりに来たこともあります。

ハンセン病訴訟に原告として加わったのも、お姉さんのバックアップがあったからです。国を訴えることは正しいと思っていましたが、あまり目立ちすぎると、実家に迷惑をかけてしまうかもしれないと悩んでいました。そしたら、お姉さんがこう言ってくれたんです。

「裁判で正しいことをするためなら、本名を出したっていいんじゃないか。私はぜんぜん構わないよ」

それで原告の一人として名前を連ねることができたのです。

ふり返ってみれば、僕の人生はそれなりに恵まれていたのかもしれませんね。同じハンセン病の人の中には、死ぬまで家族と再会できなかった人がたくさんいますし、家族からの反対でハンセン病訴訟の原告になることを断念した人もたくさんいます。歴史の陰に、そういう人たちが存在したということは決して忘れてはならないことです。

今の南静園での生活は、若い頃と比べれば穏やかなものです。最近後悔しているのは、車の免許を手放したことですかね。運転していた頃は、自由にお姉さんの家に遊びに行けたんですが、今はなかなか会いに行けなくなってしまいました。それがちょっと寂しいです。


（二〇一九年取材）

闇に花を咲かせる——ハンセン病

入所者の高齢化

沖縄本島の名護《なご》市に屋我地島《やがじしま》という島がある。面積は、わずか七・八二平方キロメートル。戦後に橋がかけられるまで、本島への交通手段は船しかなかった。

一九三八年、この島の森の中に国立ハンセン病療養所「沖縄愛楽園」が開設された。沖縄本島やその周辺の島のハンセン病患者を強制隔離することを目的としていたが、すでに述べたように戦時中には空襲を受け、戦後は長い間、米国の占領下に置かれるなど苦難の歴史をたどった。現在、沖縄愛楽園には、約一四〇名の入所者が生活しており、平均年齢は八十四歳となっている。

宮古南静園を訪れた後に、こちらを訪れたのは、施設の中で高齢化した入所者の人生の最後をより良いものにする取り組みを行っていると聞いたからだ。国家によって人権を蹂躙《じゅうりん》された人々が人生の終わりに目にする景色はどのようなものなのだろうか。

沖縄愛楽園は、エメラルドグリーンの海を見渡せる浜辺に建っている。広い敷地はきれいに区画整理され、事務所や治療センターや宿舎などいくつもの建物が並んでおり、緑も多い。

潮風を感じながら歩いていると、ここがかつて強制隔離施設だったことを忘れてしまう。だが、よく目を凝らすと、敷地内には園で亡くなった入所者の納骨堂、堕胎や不妊手術で葬られた子供たちの碑、戦中に被弾した壁など歴史を伝えるものも残されている。

沖縄愛楽園の白い建物に入ると、玄関からすぐのところに、吹き抜けになったガラス張りのサンルームがある。そこには「ライフサポート殿堂」というパネルがかけられ、周りには入所者たちがイベントを楽しむ写真がパネルになって飾られている。

中を案内してくれたのは、園長の野村謙《けん》氏（58歳）だった。沖縄出身の外科医だ。

野村氏はこう語る。

「ライフサポートというのは、この施設の入所者さんの人生を明るいものにするための活動のことです。入所者さんたちはそれぞれやってみたいことがあったり、未知の新しい体験への興味を持っていたりします。うちの施設では、職員総出でそれを実現することで入所者さんに喜んでもらえる取り組みをしています。そうした活動の中でも特に評判の良かったものが、〝ライフサポート殿堂〟としてここに展示されるのです」

元ハンセン病患者の人生を丸ごと支えられなくとも、晩年だけはサポートしたいということなのだろう。

彼はつづける。

「日本全国のハンセン病療養所は、どこも入所者さんの高齢化の問題に直面しています。僕が園に赴任してきた一九九七年頃から、入所者さんの人生の締めくくり方については、いろいろと議論がなされてきました。

療養所は国立の施設で医療費が無料なので、良い意味でも悪い意味でも、医者は入所者さんに対する治療を限界までできるのです。悪く言えば、現代医療のあらゆる技術を駆使して患者さんをチューブ漬けにして死をギリギリのところまで延ばすことができる。しかし、ハンセン病で長年苦しんできたお年寄りに、そんなことをするのが正しい医療のあり方なのかという疑問がありました。

何度も議論していく中で、入所者さんといっても個々で考え方が違うのだから、事前に希望を聞いておくべきだろうという結論に達しました。健康なうちに、死期が迫った時にどこまで延命措置を望むのか、死後の処置をどうしてほしいのかといったことを確認しておき、いざそうなったら希望に沿った対処をするということです」

職員の間で、リビング・ウィル、つまり生前の意思表示の重要性が確認されたのである。

入所者の夢を叶える「ライフサポート」

二〇〇八年、これを実行に移すために、医師、看護師、医療ソーシャルワーカーなどからなる「看取りチーム」が発足した。入所者が理想とする人生の終わり方を実現させるためのチームだった。

早速、職員による入所者へのアンケートがはじまった。一人ひとりに延命措置や死後の処置についての希望を訊いて回ったのだ。だが、入所者の反応は一様に冷ややかだった。「そんなこと聞かれてもわからない」「なるようになる」「放っておいて」といった回答が続出した。

それはそうだろう。彼らにしてみたら、いきなり「遠くない将来に何が起こるかわからないから、きちんと意思表示をしろ」と言われても、何をどうしていいかわからないというのが本音だ。

職員たちは入所者の反応が乏しかったことを受け、発想から大きく変えてみることにした。そこで生まれたのが「ライフサポート」という概念だった。リビング・ウィルも大切だが、その前に入所者に喜びややりがいを感じてもらい、ＱＯＬ（生活の質）を高めようとしたのだ。

ライフサポートの取り組みは大きく二つに分かれる。一つ目が、園が主導してお祭りのような娯楽イベントを開催することだ。二つ目が、入所者から個別に希望を聞き出し、それを実現することだ。

野村氏は言う。

「ライフサポートという旗の下で、職員みんなが入所者の方々の生活の質の向上を目指したことで、少しずつ物事が変わりはじめました。入所者の方々も、はっきりと『これをしたい』と言えなくても、日常の中でチラッと『〜はいいな』と口にしたり、職員が『これ、やってみたい？』と尋ねたら『うん』と答えたりするようになった。それを職員全員で共有して、一つずつ実現することにしたのです」

園が主催するイベントは華やかだ。九月に行われる敬老会では、数えで九十七歳を迎えたお年寄りに琉球古来の衣装を着てもらい、飾りつけをした車に乗せてパレードをしている。

最初は園主導のイベントがメインだったが、次第に入所者個々に合わせた催しも行われるようになった。たとえば、指が変形した女性の入所者が若い職員のネイルを見て「きれいね」と言ったことがあった。それをきっかけに、女性職員たちが「ネイル女子」と名付けた会を開催し、入所者たちの爪を磨き、好きな色のマニキュアを塗ってあげた。あるいは、職員が結婚をする時、ウエディングパーティーに入所者たちを招いて楽しんでもらったこともある。

こうした会が何度も開かれるうちに、入所者もだんだんと「旅行へ行きたい」とか「リムジンに乗りたい」など自分から希望を口にするようになった。職員もあれこれ工夫を凝らして実現するようにした。

たとえばある入所者が、「若い頃にヤギの餌やりをしていたんだ。もう一度やってみたい」と言ったことがあった。職員は動物園に連れていくことも考えたが、せっかくならもう一工夫して、大勢の人が楽しめる形で叶えられればいい。そこで沖縄こどもの国に頼み、園に動物を連れてくる移動動物園を開催してもらうことにした。これができたおかげで、大勢の人たちがヤギだけでなく、いろんな動物と触れ合うことができたのである。

野村氏の言葉である。

「みなさん、ハンセン病になってから、ずっと希望とか夢といったものを抑え込んで生きていたので、なかなかやりたいことを口にできないのです。でも、実際にネイルをしたり、リムジンに乗ったりする人が現れると、遠慮がちな人たちまでもが自分はこれをしてみたいと言えるようになる。職員がそれを叶えていくうちに、いつしかライフサポートの柱となっていったのです」

ライフサポートによって、夢を実現した入所者である神谷《かみや》幸一《こういち》氏（93歳）の例を紹介しよう。

ある男の人生

神谷幸一は一九二六年に沖縄本島で生まれた。尋常小学校を卒業して木材店の集金の仕事をしていたところ、手のひらに水疱《すいほう》のようなものができているのに気がついた。少しずつ広がっていったので県庁の医師に診てもらうと、ハンセン病だと診断された。

町の人たちに噂が伝わり、木材店の店主から幸一は解雇を告げられた。ハンセン病患者を集金に行かせたら、客が寄り付かなくなるというのが理由だった。もう生きていても仕方がない。幸一はそう考えて海に飛び込んだが、死にきれなかった。

一九四四年のある日、家に警察官数人が押しかけてきた。

「ハンセン病だろ。すぐに療養所へ行け」

幸一は覚悟を決め、用意されたトラックの荷台に乗り込み、沖縄愛楽園へ連れていかれた。園に強制収容された時のことを、幸一は次のように語る。

「愛楽園に到着したら、服や荷物はすべてボイラー室で消毒され、全身を洗わされた。それだけ病気が怖がられていたんだ。愛楽園に来て感じたのは、とにかく汚くて臭いってことだった。動物の屠殺場《とさつじょう》のような臭いが充満していて、食事を出されても喉《のど》を通らなかった。九〇〇人以上が住んでいて、ものすごい過密状態だった。なんでこんなところに来ちまったんだって思いだったよ」

米軍の本格的な攻撃が行われたのは、その年の十月十日だった。約一〇〇〇機に及ぶ米軍の爆撃機が沖縄本島に襲いかかり、大規模な空襲を行ったのだ。沖縄愛楽園も、軍の兵舎と間違えられて焼夷弾《しょういだん》を落とされ、建物の九割が壊滅的な打撃を被《こうむ》った。

園が収容機能を失ったことから、最初に職員たちが逃げ出し、次に入所者たちの一部が逃げ出した。幸一も園にいても食べ物も手に入れられないため、実家に帰ることにした。

家にいた両親は、帰ってきた幸一を見てびっくりしたが、事情を察して受け入れてくれた。だが、沖縄戦が迫りつつあったことから、商売をしていた家には、日本軍の兵士が大勢出入りしていた。仕方なく、幸一はヤギ小屋の天井裏に毛布を持ち込み、そこで身を隠して生活することにした。食事は母親に毎日運んでもらっていた。

約三カ月間、幸一はヤギ小屋での生活をした。ある日、母親がやってきてこう言った。

「これ以上隠れて暮らすのは無理よ。兵隊さんに見つかる前に愛楽園に帰りなさい」

母親は、米軍の沖縄上陸が迫っているのを知っていたのだろう。いざ決戦がはじまれば、守ってあげることはできない。ならば園に帰らせた方がいい。

幸一は寂しさを押し殺してうなずいた。母親はそんな息子にわずかばかりのお菓子を握らせて、バス停に連れて行った。幸一にとって、これが母親との今生の別れとなった。

久しぶりに沖縄愛楽園に帰ると、焼け野原になった敷地にいくつもの掘っ立て小屋が建っていた。家に帰ることができなかった入所者たちが、自分たちで木材を用意して住むところを作っていたのである。

幸一の言葉である。

「園では家を建てられる人は自力で建て、そうでない人は壕の中で暮らしていたよ。一番困ったのは食糧がなかったことだ。近所の畑になっていた野菜や果物はあっという間に食べられてしまって、それからは飢えとの戦いだった。遠くまで行って木の実を拾ってきたり、魚を獲ってきたりできる人は良かったけど、体の弱い老人や病気の人は何も食べられないからバタバタ死んでいった。一日に三、四人が亡くなることも普通だった。遺体は土に埋めるんだけど、そこまで深く掘れないから、雨が降ると出てきてしまって腐った臭いを放つのが堪《たま》らなかった」

そうこうしているうちに米軍が上陸し、沖縄戦が本格的にはじまった。それから一カ月後、米軍の兵士たちがついに園にまで押し寄せてきた。幸一ら生き残りは壕に逃げ込み、息を潜めた。

米軍は壕を囲み、一斉掃射の準備をしてから、拡声器を使って投降を呼びかけた。

「今すぐそこから出てきなさい。さもなければ銃撃します」

壕の中で入所者たちは竹やりを持って突っ込もうと話し合っていた。降伏するより、戦って死ぬべきだという声が大きかったのだ。だが、英語のできる入所者がそれを制して言った。

「米軍は僕らを殺さないと言っています。僕は英語がしゃべれますので、先にここを出て投降します。安全を確認できたら、それを伝えます。そしたらみなさんは後から出てきてください」

その入所者は両手を上げて投降した。米軍は彼を受け入れた。壕の入所者はそれを見て後につづいて降伏した。

だが米軍は園の入所者たちを保護することはなかった。彼らはここがハンセン病の療養所だと知ると、米軍爆撃機による空爆を避けるために掘っ立て小屋の屋根に赤十字の印をつけるように指示して立ち去ったのである。敗走する日本兵を追うのに精いっぱいで構っていられなかったのだろう。

置き去りにされた入所者たちを待ち受けていたのは、それまで以上の飢餓と感染症だった。梅雨が幕を開けると、マラリアまで蔓延《まんえん》しはじめた。入所者たちはなすすべもなく倒れていき、終戦までに入所者の約三分の一が命を落とした。

戦争が終わった後、沖縄は米国に占領されたため、園は日本政府ではなく、琉球政府の管理下に置かれた。終戦から四〜五年して、プロミンによる化学療法が開始され、患者の病状も見違えるように良くなった。幸一も病気の治療を終えると、実家に帰って普通の生活をしたいと考えるようになった。

ある日、幸一は仲間数人と一緒に脱走を決意する。全員丸裸になり、いかだに着物を乗せて海を泳いで渡り、岸にたどり着くとバラバラになって実家へ向かったのだ。だが、幸一を待ち受けていたのは想像もしていなかった現実だった。家には父親と幼い妹しかおらず、母親や他のきょうだいはみな戦争で殺されてしまっていたのである。

父親は言った。

「今の沖縄には仕事がないから、もうここでは生活していけない。これからお父さんは他の子を連れて内地へ行く予定なんだ。すまんが、幸一の面倒までみる余裕はない」

幸一は落胆し、沖縄愛楽園に帰ることにした。

「愛楽園を空から見てみたい」

それから、六十余年の歳月が流れ、時は二〇一六年になった。十代で沖縄愛楽園に来た幸一は八十九歳の老人になっていた。

あしかけ七二年に及んだ園での暮らしの中で、彼の手からは指がなくなり、視力も弱まり、耳も遠くなった。足腰が立たないので、動く時には車椅子に乗らなければならない。

そんな幸一が園のライフサポートを利用したのは、ある小さな出来事がきっかけだった。それまでも職員から何度も「何かしてみたいことはある？」と訊かれていたが、特に思いつくことがなく言葉を濁していた。そんなある日、彼はふと脳裏を過《よぎ》ったことを口に出した。

「僕はずっと愛楽園の中で生きてきた。そんな愛楽園がどんな形をしているのか、一度大空から眺めてみたい」

職員は、面白い発想だと思ったが、飛行機が上空を飛ぶとも限らないし、どう実現すればいいのかわからなかった。

数週間後、その職員が何気なく新聞を読んでいると、ヘリコプターのチャーターに関する記事が目に飛び込んできた。個人でも借りられる上に、値段も数十万円で済むらしい。

早速、航空会社へ問い合わせると、園の上を飛んでもらうのは可能だということがわかった。幸一もぜひヘリコプターに乗ってみたいという。そこで職員は園に暮らす他の入所者たちに、同乗して空から園を見下ろしたい人はいないかと持ち掛けたところ、数人が名乗り出た。全員でチャーター代を割れば、一人の負担は少なくて済む。

二〇一六年十一月十六日の午前、空から園を眺めるという企画がライフサポートの一環として実現した。朝、幸一ら搭乗者は那覇空港まで行き、そこでチャーターしたヘリコプターに乗り込んだ。そして空に飛び立ち、園を目指したのである。

ヘリコプターが園の上空に姿を現した。幸一たちが案内の人に促され、身を乗り出して窓から見下ろした。すると、園の職員や入所者が中庭に出て、「絆《きずな》」という人文字を作って待っていてくれた。その数は約三〇〇人。彼らはヘリコプターを見ると一斉に手をふった。ヘリコプターは園の上空を大きく一周回り、近くのベルビーチゴルフクラブに降りて遊覧飛行を終えた。

この日、園にもどった幸一は、職員や入所者に拍手で迎えられた。幸一は次のように感想を述べた。

「僕の人生には大変なことがたくさんあった。死のうと思ったことも一度や二度ではないけど、元気があるうちに空を飛んで愛楽園を眺めるという希望が叶って嬉しかった。今は生きていて本当に良かったと思っているさ」

職員たちはこの言葉を聞いて、ライフサポートの取り組みが入所者のためになっていることを確信した。幸一が言うように、園の入所者たちは、ハンセン病によって今の人には想像もできないほどの苦しみと悲しみを味わってきた。だが、ライフサポートの取り組みによって、彼らが幸せだと思える体験ができれば、その暗い人生に少しでも光を灯《とも》せることになる。それがあるのとないのとでは、入所者たちの人生はまったく違うものになるだろう。

沖縄愛楽園の入所者たちで構成する自治会の会長・金城雅春《きんじょうまさはる》氏（65歳）も、ライフサポートの意義に賛同する一人だ。彼は次のように語る。

「最初、園長先生たちからライフサポートと言われても意味がわかりませんでした。ここの人たちは、今でも『（園の中に出没する）ハブより、（園の外にいてハンセン病差別をする）人間の方が怖い』という考えが残っているんです。だから、外へ出て好きなことをしていいよと言われても何も思い浮かばなかった。

でも、一人またひとりとライフサポートを利用して楽しんでいる人の姿を見ているうちに、ちょっとずつ希望を言うようになっていきました。自分もやってみようと思えるようになった。それで、ヘリコプターやリムジンに乗りたいという人まで現れるようになったのです。これは、何十年も園の中だけで完結していた人生が、ようやく外へと広がっていったことを意味しています。

ライフサポートが、ここの人たちの人生を大きく変えたことは間違いないと思います。みんな高齢ではありますが、今からでは遅いということはない。いくらでも人生を楽しいものにできる。少なくともライフサポートはそのきっかけになっていると思っています」

いくら国が過去の過ちを認めて謝罪したとしても、入所者たちの悲劇に満ちた過去が消えるわけではない。それは彼らが死ぬまで心の傷として残りつづける。

しかし、だからといってその人生が悲嘆の中で終わっていいというわけではない。今からでも楽しいと思える瞬間を一つでも増やし、彼らに「生きていて良かった」「人生は生きるに値する」と感じてもらえるように働きかけることが大切なのだ。それこそが、幸福な時代に生まれ育った私たちが、そうではなかった時代を生きた人々になすべきことではないだろうか。

現在、日本には一三の国立ハンセン病療養所があり、九〇〇〇人ほどの入居者がまだ暮らしている。歴史はまだつづいているのだ。

（二〇一九年取材）

祖国は幻か――中国残留日本人

国家に捨てられて

一九八〇年代、日本のメディアは中国残留日本人のことを毎年のように大きく報じていた。戦時中、満州国を主とした中国には大勢の日本人が暮らしていた。ソ連軍の侵攻によって、彼らは私財を捨てて命からがら日本へ逃げ帰ったが、その道中に家族と生き別れたり、脱出できなかったりした者たちがいた。二十歳前後の女性たちは生きるために中国人と結婚し、幼い子供たちは中国人家庭に引き取られた。彼らはまとめて「中国残留日本人（邦人）」と呼ばれるが、両者を区別して前者を「残留婦人」、後者を「残留孤児」と称することも多い。

終戦後、日本は長らく中国と国交がなかったため、残留日本人を帰国させることができなかった。だが、一九七二年に日中国交正常化が決まったことで、両国の間で協議が行われ、一九八〇年代に本格的な帰国事業がはじまった。これによって国の支援を受けて日本に永住帰国を果たした人の数は、約六七〇〇人（家族も含めれば二万人強）に上った。

当時のテレビや新聞は、発展の遅れていた中国から垢《あか》ぬけない格好でやってきて、日本の家族と再会を果たす彼らの姿を頻繁に報道していた。だが、帰国者の数は徐々に減っていき、メディアに取り上げられることも少なくなった。残念ながら、今はその呼び名を聞くことすらなくなっている。そういう意味では、彼らもまた「忘れられた日本人」といえるのかもしれない。

日本の主要な都市には、中国帰国者支援交流センターという施設がある。かつて、帰国した残留日本人が社会に溶け込むための支援を行ってきたところだ。その一つである福岡の九州センターには、今なお残留日本人たちのコミュニティーがある。私は福岡へ赴き、彼らがたどってきた人生について話を聞かせてもらうことにした。

日本が中国東北部に「満州国」を建国したのは、一九三二年のことだった。政府は国内の日本人に対して満州へ移住し、開拓をするように呼びかけた。それに応じたのが、当時起きていた昭和恐慌の中で日本での生活に窮していた人たちだった。彼らは満蒙《まんもう》開拓団として満州へ行けば、実力で財をなせると夢見て日本海を渡っていったのである。終戦直前の満州には、日本の民間人だけで約一五五万人が住んでいたとされている。

一九四五年の八月九日は、そんな満州に暮らす日本人たちにとって絶望の幕開けだった。ソ連軍が日ソ中立条約を破り、一五〇万人の兵士を満州へと侵攻させたのだ。無条件降伏寸前だった日本軍は抗《あらが》うだけの兵力を持っておらず、ソ連兵に捕まった男はその場で殺され、女は強《ごう》姦され、子供は売られるといった噂が立ち、民間人も家財を投げ捨てて満州を脱出して日本へと逃げようとした。

だが、終戦前後の混乱の時期に、民間人の家族が数百キロの道のりを逃げるのは極めて難しかった。ソ連軍が軍用車で追いかけてきただけでなく、地元の中国人が日本人への怒りを膨らませて襲撃してきた。武器も財産も持たない民間人にはなすすべはなく、ある者は虐殺され、ある者はさらわれ、ある者は病死するなど、言語に絶する悲劇が起きたのである。

残留日本人の中でも、終戦時に六、七歳以上だった人々は、当時の出来事を克明に記憶している。今回私が話を聞いた一人、庄山紘宇《しょうやまこう》氏（81歳）は終戦時七歳だった。

庄山氏は現在の熊本県玉名《たまな》郡和水町《なごみまち》で長男として生まれたものの、三歳の時に父親の都合で熊本県から中国の満州に渡った。間もなく父親が軍に召集され、母親、庄山氏、妹、弟で生活を送っていた。そんな中でソ連軍の侵攻がはじまったのである。

母親はソ連兵が間近まで迫っていると聞いて、庄山氏たち幼子を抱きかかえて満州を脱出した。太平洋側の港まで出て、船で帰国しようとしたらしい。だが、その途中でソ連軍に包囲されて一家全員が身柄を拘束された。ソ連軍は庄山氏たちを中国国内の東京城《とうけいじょう》郊外に設置された難民収容所へと送った。

難民収容所の生活は過酷だった。庄山氏は語る。

「収容所は『難民営』って呼ばれていました。そこでの暮らしは、ものすごくひどいものでした。秋には氷点下、冬にはマイナス三〇度に達しました。それなのに布団すらろくにもらえないんです。与えられる食べ物といったら、コーリャンやトウキビで作ったお粥《かゆ》くらい。量もほんのわずかなので、毎日飢えや病気、それに寒さでバタバタと人が死んでいきました。遺体の片付けは日本人の仕事だったので、大人たちが外へ運び出して土に埋めていました。

難民営に来てしばらくして、三歳だった僕の弟が病気にかかりました。医者もいなければ、薬ももらえません。お母さんが寝る間も惜しんで看病したのですが、今度はお母さんも体調を崩して倒れてしまった。今思えば、お母さんは僕らを生かすために自分の食事をくれていた。それで栄養失調になっていたのでしょう。

弟とお母さんが同時に倒れてしまい、七歳だった僕はどうしていいかわかりませんでした。そして手をこまねいているうちに、二人とも一緒に死んでしまったのです。朝起きてみたら二人とも冷たくなっていたのです」

遺体は収容所の大人たちが土に埋めてくれた。一メートルくらいの穴を掘り、コーリャンの茎をベッドのように敷き、そこに母親と弟を横たえたという。

埋葬が終わった後、庄山氏と五歳だった妹は、途方に暮れた。母親なしで、収容所の厳しい環境を生き抜けるわけがなかった。きっと自分たちは死ぬのだろうと思うと涙も出なかった。

ところが、数日後、予想もしていなかったことが起こる。収容所の近くに暮らす中国人夫婦がやってきて、庄山氏を引き取りたいと言ってきたのだ。当時、収容所には日本人の孤児がたくさんいたため、役所が地元の子供のいない夫婦などに引き取っていいと伝えていたらしい。この中国人夫婦も農家でありながら子供がいなかったので、将来の跡継ぎとして庄山氏を養子にしようとしたのだ。

庄山氏はこれで死なずに済むと思ったが、妹を一人で収容所に残すわけにはいかなかった。彼は中国人夫婦に言った。

「僕には妹がいるんです。彼女は一人じゃ生きていけません。一緒に連れていってください」

中国人夫婦は妹も引き取ってくれた。だが、夫婦は生活に窮しており、妹を養っていくだけの余裕がなかった。そのため、妹を別の集落の家庭に預け、庄山氏だけを育てることにした。

軍に召集されていた父親が抑留されていたシベリアの捕虜収容所で死亡したと聞いたのは、ずっと後のことだったという。

もう一人、満州から逃げる途中に収容所に入れられた残留孤児を紹介したい。終戦時九歳だった川添緋砂子《かわぞえひさこ》氏（83歳）だ。

満州に暮らしていた川添氏の家族もまた、ソ連軍の侵攻と同時に火の海となった町を逃げ出し、日本を目指した。父親と臨月の母親、そして妹たちが一緒だったが、家を出て間もなくソ連軍に追いつかれて捕まった。

ソ連軍は一家を汽車に乗せて、牡丹江《ぼたんこう》の近くにあった収容所へ送った。だが、その途中で幼い妹の体調が急変した。病気と栄養失調が重なったのだろう、何も食べられなくなり、立ち上がることもできなくなった。川添氏は父親におんぶされた妹を励ますことしかできなかったが、収容所に到着する前に息を引き取った。

収容所に到着してからも不幸はつづいた。悲しむ間もなく、今度は母親が陣痛を訴えたのである。医者も助産師もいなかったため、母親は自力で女児を出産したものの、産後に体調を壊した。子供だった川添氏には何が起きたのかわからなかったが、母親は日に日に衰弱していった。そして数日後、母親は亡くなった。

川添氏は語る。

「牡丹江の収容所での暮らしは長くはつづきませんでした。少ししてソ連兵から呼び出され、ハルビンの収容所へ移れと命じられたのです。牡丹江の収容所が満員だったせいでしょう。私と父と妹と生まれて間もない妹の四人は貨物列車に乗せられたのですが、ハルビンの収容所での生活はもっと大変らしいという噂が流れていました。お父さんは、このままでは生まれたばかりの妹は生きていけないと考えたらしく、貨物列車が収容所の手前の駅で停車した時、ホームにいた物売りの中国人女性に妹を差し出し、『収容所へ連れていったら、この子は死んでしまう。どうか引き取って助けてくれないか』と頼みました。その女性は一緒にいた人たちと話し合った後、妹を抱いてどこかへ行きました。私が妹を見たのはそれが最後です。おそらく中国人として育てられて今も中国のどこかにいるのでしょう」

ハルビンの収容所は学校を改造して作られていた。秋にもかかわらず気温は氷点下で、飲み水はすべて凍っており、配給が滞ることもしばしばだった。教室に何十人もの日本人がすし詰めにされ、防寒具すら与えられず、伝染病も流行っていた。低体温症と飢えと病気が蔓延する中で、体の弱い者から順に命を落としていった。

川添氏の父親が倒れたのは十月になって間もない頃だった。薬がなかったために体調は悪化の一途をたどり、一週間ほどで息を引き取った。ソ連兵は父親が死んだのを確認すると、遺体をどこかへ運び去ってしまった。

収容所で川添氏と妹が抱き合って泣いていたところへ、数人の中国人がやってきた。彼らは二人を見つけて言った。

「川添の娘か。助けに来たぞ」

どういうことかわからなかったが、後で聞いたところによれば、父親が地元の中国人に「自分が死んだら、代わりに娘たちを育ててくれないか」と頼んでいたということだった。こうして二人はその中国人に引き取られることになったのである。

奥歯を噛みしめて

一九四九年、中国共産党を率いる毛沢東《もうたくとう》は、国共内戦に勝利し、中華人民共和国を建国した。この頃、終戦から数年が経ったことで、幼かった残留孤児たちは小学生から中学生くらいの年齢になり、地元の学校へ通っていた。

当時の中国には、今とは比べ物にならないくらいの反日感情が渦巻いていた。長らく日本に占拠され、財産を奪われたり、大勢の同胞を殺されたりしたことへの憎悪が残っていたのである。それは「侵略者の子供」である残留孤児にも向けられた。

前出の川添氏は、九歳で中国人夫婦に引き取られた後、地元の学校に通うことになった。だが、最初は中国語がしゃべれなかったことから、日本人だということが明るみに出て、学校や地元で激しいいじめに遭った。同級生や先輩たちが口をそろえて「小日本鬼子！ 小日本鬼子！（日本人の蔑称）」と罵倒し、石を投げつけてきたり、泥をかけてきたりしたのだ。暴力がエスカレートし、石で頭を強打されて病院に搬送されたこともあった。

川添氏は言う。

「子供時代のつらい体験は、今でも思い出すと涙が溢れてきます。日本人の大人が周りにいて守ってくれるわけではないし、学校の先生だって地域の大人だって笑って眺めているだけでした。いい気味だくらいにしか思っていなかったのでしょう。私は反抗することもできず、我慢しつづけるしかありませんでした」

引き取ってくれた養父が見るに見かねて登下校に付き添ってくれたが、学校内での嫌がらせは止まなかったという。

残留孤児の中には、反日感情の的にされることを避けるため、中国人を装っていた者もいた。その一人が、木村琴江《きむらことえ》氏（76歳）だ。

彼女は二歳半で残留孤児となり、中国人夫婦に引き取られた。物心つくかどうかという年齢だったため、養父母からは中国人同様に育てられていたし、小学校に上がる頃にはネイティブ並みの中国語をしゃべることができていた。そのため、彼女は残留孤児であることを明かさず、中国人として生きていたのである。

彼女は次のように話す。

「私は養父母から中国人として育てられていました。そのため、普段は日本人だということを意識しませんでしたし、周りも知らないので疑われることもありませんでした。

でも、運命が少しでも違っていたら、そんなふうにはできなかったでしょうね。もし私が七、八歳で引き取られて中国語の発音がおかしかったり、近所の人が私の出自を知っていたりすれば、嫌な体験をたくさんしていたと思います。残留孤児といっても、どんな子供時代を送ってきたかは本当にバラバラだと思います」

では、残留婦人の方はどうだったのだろう。

その一人が、小島千鶴江《こじまちづえ》氏（仮名）だ。戦時中だった十三歳の時、小島氏は家族と共に日本を離れ、満州の奉天市に移り住んだ。そのわずか数年後、父親が病気で急死したことから、彼女は手に職をつけようと満州にあった看護学校へ通い、卒業後は満州鉄道病院で看護師として働いた。

敗戦を迎えたのは、彼女が二十一歳の時だった。病院の医師や看護師たちはソ連軍の侵攻を恐れ、一目散に満州を捨てて日本を目指した。彼女も帰国したかったが、親戚はみんな戦争で死んでおり、頼る先がなかった。そのため、彼女は同じ病院に勤めていた中国人医師と結婚し、中国で生きていくことを選んだ。

結婚後二年目、彼女と中国人医師の夫との間に生まれたのが、長男の小島北天《ほくてん》氏（72歳）だ。小島北天氏は母親の千鶴江氏について次のように語る。日本語が拙いため、わかりやすい表現に変える。

「母が中国人の父親と結婚して、中国に残ったのは生きるためでした。当時の母はそれ以外に手段がなかったはずです。それで日本へ帰りたいという思いを押し隠して家庭を築き、僕を含めて五人の子供をもうけたのでしょう。

中華人民共和国は、毛沢東の共産党によって作られた国です。父はその共産党の敵だった国民党の軍医だった。そのため、戦後も長らく、いろんな面で冷遇されていたようです。医者なのにまともに給料ももらえず、地方でペストが流行ればいち早く派遣させられた。生活ものすごく苦しかった。妻が日本人だったことも影響していたかもしれません」

中国人で医師免許を持っていても、妻が日本人であり、元国民党員であることは、生きていく上で大きなハンディーだったのだろう。

文化大革命を生き抜く

終戦から約二〇年が経ち、中国は文化大革命による混迷の時代に突入していた。

文化大革命とは、一九六六年から約一〇年間にわたって行われた政治権力を巡る革命運動だ。政策の失敗によって国家主席の座を失った毛沢東は、その地位を奪い返すため、紅衛兵《こうえいへい》という学生運動を利用して政治運動を引き起こす。

国民たちはこれに扇動され、「四旧（旧思想、旧文化、旧風俗、旧習慣）打破」の掛け声の下で、地方の役人や富裕層、それに知識人たちを目の敵にするように批判し、地位や財産を没収し、町から追放した。運動は民衆の不満とも相まってどんどん暴力性を帯び、大勢の人たちがいわれのない罪を着せられ、時には命までをも奪われた。

文化大革命の犠牲になったのは、中国で暮らしていた残留日本人も同じだった。庄山紘宇氏がその一人だ。

終戦時七歳だった庄山氏は、文化大革命の頃には二十代になって中国人女性と結婚して人民公社に勤務していた。ある日、突然見知らぬ男たちが押しかけて、大声で批判をしはじめた。理由は、ソ連のモスクワラジオ局の放送を聞いているとか、日本人だとか、家族が贅沢《ぜいたく》をしているといったことだった。

庄山氏は当時をふり返る。

「彼らの批判はまったく納得のいくものではありませんでした。なんでソ連のラジオを聞いてはいけないのでしょう。残留孤児であることがなぜいけないのでしょう。しかし、彼らはとにかくけしからんという感じで、私を人民公社の批判大会に引っ張っていったんです。そこには大勢の農民が集まっていて、私は散々殴りつけられ、罵倒されました。つるし上げです。

ここでも私は一生懸命に何かの誤解だと言いましたが、みんな興奮して聞こうとしません。彼らは私に『現行反革命』と書かれた帽子を被らせ、町で引き回しにしました。さらし者です。家にも人々が押し入ってきて、家具をメチャクチャにして、幼い子供たちを『反革命家族』とか『日本の畜生』と罵った。すべて言いがかりです。そういう時代だったんです」

中国社会に溶け込んでようやく家庭を築いたのに、不当な批判によって人生をひっくり返されたのである。

批判大会の後も、庄山氏はことあるごとに町を引き回されたり、街頭に立たされたりした。その都度、町の人々は庄山氏に対して殴る蹴るの暴行を加え、罵声を浴びせかけ、自己批判を求めた。人民公社での職を解かれたため、生活のために便所掃除、水運び、薪割《まきわ》りといった仕事をしなければならなかった。

庄山氏は語る。

「批判大会から半年くらい、私は家族と共に何度もつるし上げに遭いました。こんなことがつづくなら、死んだ方がマシだと考え、自殺の一歩手前までいったことがあります。ただ、妻子を残して自分だけ逃げるわけにいかなかった。それがなければ間違いなく命を絶っていたはずです」

そんな庄山氏を待ち受けていたのは「下放」だった。下放とは、貧しい農村へ強制的に追放して、罪を反省させ、誤った考えを改めさせる政策のことだ。文化大革命の反対分子とされ、奴隷のような扱いを受けることになったのである。

下放先の農村では、農作業やダム建設など過酷な肉体労働を強要された。仕事が終わって疲れ切って帰ってきても、食事の前には、「三敬三祝」といって、毛沢東の像の前で直立不動での祈りをしなければならない。日によっては、徹夜で毛沢東の言葉を延々と読むといったことも命じられた。

庄山氏は言う。

「あの体験によって、中国で生きていくことがほとほと嫌になりました。中国にいる限り、今後もずっと自分は反対分子として蔑まれなければならない。それは耐えがたいことです。日本への思いが膨らんだのはその頃です。もともと自分は日本人なんだ。ならば、こんな貧しく、不条理な国にいるより、日本に帰って日本人として自由に暮らしていきたい。そう考えだすと、日本への思いがどんどん膨らんでいったんです」

今回取材した残留日本人の中には、庄山氏のように不当な扱いを受けて下放された人が少なからずいた。彼らもまた中国での生活に疲れ果て、祖国に対する思いを膨らませていた。

そこには残留日本人の望郷の思いと同時に日本の豊かさへの羨望もあっただろう。その頃の日本は飛ぶ鳥を落とす勢いで経済大国への階段を駆け上がり、アジアの中で燦燦《さんさん》と輝く太陽のような存在になっていたからである。

夢の国の冷酷な現実

中国が文化大革命のただ中にあった一九七二年、日本と中国の間で「日中国交正常化」が発表され、国交が樹立された。

これを機に動きだしたのが、残留日本人の「帰国受入援護事業」だった。日本政府は様々な方法で残留日本人の身元を明らかにし、希望する者については帰国の支援を行うことにしたのである。終戦から約三十年が経ち、ようやく大陸に置き去りにされていた人々に救いの手が差し伸べられたのだ。

中国で困難な状況にあった残留日本人にとって、この事業は〝蜘蛛《くも》の糸〟のような喜ばしいニュースだった。前出の庄山氏は、その時の気持ちを次のように語る。

「あの頃の日本は、世界有数の経済大国へと突き進んでいる最中でした。平和で、豊かで、華やかな国というイメージです。中国人だけでなく、世界中の人たちが日本へ行きたいと思っていたんじゃないでしょうか。

私は小さな頃から自分は日本人だという意識があったので、いつかは帰国したいという気持ちをずっと抱いていましたよ。同時に、自分を引き取って育ててくれた養父母への愛情も大きかった。だから、残留日本人の帰国支援事業がはじまってからも、私の一存で養父母を悲しませるようなことはしたくないと思っていました。

でも、中国での私を取り巻く生活環境はとても厳しく、耐えがたいものでした。文化大革命ですべてを失った上、僕がいた福建省《ふっけんしょう》は中国の中でも特に貧しい地域だったので、大勢の人々が密航船に乗って日本へ出稼ぎに行っていたほどです。そんなところで先の見えない暮らしをするくらいなら、いっそのこと日本人として胸を張って正規のルートで日本に行った方がいいんじゃないか。だんだんとそう考えを変えるようになっていったんです」

同じく木村琴江氏は、自身の体験を次のように語る。

「中国国内でも、日中国交正常化で残留日本人の調査がはじまったことはニュースになっていました。ただ、私は終戦時二歳半だったので日本の家族のことを覚えていなかったですし、育て親を実親同様に思っていたので、何が何でも帰りたいという気持ちはありませんでした。

状況が変わったのは、中国の公安局の調査を受けた時のことです。公安局の担当者から『あなたは日本人の残留孤児です』と正式に告げられたのです。当時の私は結婚して子供もいましたが、生活が楽でなかったこともあって、だんだんと日本に行くのもいいかもしれないと考えるようになりました。十代の頃、養父に『おまえは日本人だから一度日本に帰ってみなさい』と言われたことも大きかった。夫も、もし私がその気なら家族みんなで日本へ行こうと言ってくれました。

最終的に決断したのは、夫の母が病気で亡くなった後です。それまでは中国に義母を残して、私が夫と子供たちを連れて日本に行くことに引け目を感じていたのですが、それがなくなったことで、堂々と海を渡ることができるようになった。それで一九八六年に家族みんなで日本に来ました」

中国人は伝統的に家族を大切にし、子供が親の面倒をみるという習慣があった。特に、残留日本人には孤児だった自分を引き取り、養ってくれたことを感謝する気持ちが強くある。帰国受入援護事業が開始されても、彼らが帰国を決断するまでに時間がかかったのは、そうした背景があったからだ。

日本政府が行った帰国受入援護事業では、残留日本人が日本にいる家族や親戚を捜し出すところからはじまった。この際、彼らは主に二通りの方法で肉親を見つけた。一つは事前に両国間で書類のやりとりをして戸籍などから親族を発見するケース、二つ目が日本のメディアを通して日本国内で呼びかけを行って親族が応じるのを待つケースだ。

これらによって、肉親がわかった場合はいいが、必ずしも再会が実現するわけではなかった。そのような残留日本人は、国や行政を通して支援者を見つけ、身元引受人になってもらわなければならない。身元引受人は、帰国した残留日本人の定住先や働き口を探すなど定着支援を行った。

帰国が実現してからも、彼らは日本社会に簡単には溶け込めなかった。最大の壁が日本語だった。大半の者たちは幼い頃に中国に取り残され、長らく母語に接していなかったため、日本語を話すことができなかったのだ。

国が彼らに用意したのが、全国に設置された「中国帰国孤児定着促進センター」(一九九四年四月に「中国帰国者定着促進センター」に名称変更)だ。ここで入所形式の日本語指導を四カ月、さらに「中国帰国者自立研修センター」で通所形式の日本語指導を八カ月受けることで、日本語を学ぶ機会を作ったのだ。一年くらい勉強をすれば、ある程度の日本語ができるようになるはずだという目論見があったのだろう。

だが、残留日本人にとって現実はそう甘くはなかった。彼らは三十~五十歳に差し掛かっていて難解な日本語をなかなか覚えられなかった上に、私生活では小さな子供の面倒をみたり、仕事を探したりしなければならず、勉強に多くの時間を割くことができなかった。そのため、あいさつ程度の語学力しかつかないまま社会に放り出されることになったのである。

木村氏は語る。

「日本に来て一番難しかったのが言葉です。ほとんどしゃべれないまま研修が終わってしまって、右も左もわからない状態で仕事探しをしなければならなくなりました。私だけでなく、残留日本人はたいがいそうでした。そうなると、普通に就職することは難しくて、大体みんな低賃金のバイトを二つも三つも掛け持ちして、なんとか生活していました」

当時はブラック企業が当たり前のようにあった時代であり、日本語をしゃべれない彼らは足元を見られ、不当に安い賃金で働かされたり、無給で毎日何時間も残業を強いられたりしたという。

また、日本人による差別も露骨《ろこつ》だった。彼らは中国では日本人と見なされていたのに、日本に帰ってきたら今度は中国人と見なされ、不当な扱いを受けることになったのだ。

そのことについて庄山氏は次のように話す。

「僕は一九八七年に、日本で伯母を見つけることができて来日しましたが、福岡ではまだ日本語研修の環境が整っていませんでした。なので、働きながら独学で日本語を学ばなければならなかったのです。

仕事は工場の作業員、清掃員、マンションの管理人など何でもやりました。つらかったのは、どこへ行っても『おい、中国人』と言われて外国人扱いされ、差別やいじめに遭ったことです。あの頃の中国人は今よりずっと貧しく、弱い立場だったので、日本人の中には馬鹿にしたり、いじわるをしたりする人がいたのです。

そのせいで、何の仕事に就いても日本人とトラブルになって長続きしませんでした。それでも、仕事をせずに食べていくことなんてできません。隣の県、そのまた隣の県と何とか仕事を見つけて働いていました。

だんだんと思うようになったのは、こんなにつらい生活をしなければならないのなら中国で暮らしていた方がマシかもしれないということでした。あれだけ日本に憧れていたのに、現実はぜんぜん違う。それで一度だけ家族を置いて一人で中国へ帰ったこともあります。この時は妻が迎えに来て、もう一回だけがんばろうと言われて日本にもどったのですが、その後も何をやってもうまくいくことはありませんでした」

日本で困難に直面していたのは、残留日本人の子供たちも同じだった。小中学生くらいであれば日本の学校でいじめに遭ったり、言葉の問題から学業をつづけるのが困難になったりした。二十歳を超えていれば、庄山氏などと同じように日本語を学習する機会もろくにないまま、不安定な仕事に就かなければならず、貧困にあえぐことになった。

それでも残留日本人たちがなんとかやっていけたのは、同じ境遇の人同士で助け合ったり、愚痴を言い合ってストレスを発散させたりできたせいだ。そうした者たちの間には、自然と居場所のようなものが作られていった。福岡でいえば、木村氏が経営していた中華料理店「帰郷」がそれに当たる。

木村氏は日本に帰ってきた後、九州大学の近くに中華料理店を開業した。その店が福岡在住の残留日本人たちのたまり場となり、いつしかコミュニティーができるようになったのである。

彼女は言う。

「うちの店の近くに、残留日本人が日本語を学ぶ中国帰国者自立研修センターがあったんです。そこに来ていた人たちが、勉強や集まりを終えた後、近くにあるうちの店にお客さんとしてよくやってきてご飯を食べていた。それでいろんな人たちが仲良くなって、情報交換をしたり、一緒に遊びに行ったりするようになったのです。うちの店でできた人間関係に支えられたという残留日本人はたくさんいると思います」

福岡のような大きな都市では、残留孤児はバラバラになってしまいがちだ。だからこそ、木村氏の店のような拠点が必要だったのだろう。

私たちは日本に三度捨てられた

二〇〇一年のある日、木村氏の店「帰郷」に東京から一人の残留日本人がやってきた。満州で生まれたものの、生後数カ月で孤児となって中国人家庭に引き取られ、一九八一年に日本に帰国した池田《いけだ》澄江《すみえ》氏だった。

店に来るなり、池田氏は日本政府に対して残留日本人の窮状を訴えないかと持ち掛けてきた。彼女は二十年前に来日してから、残留日本人が十分な支援を受けられないために困窮していることに心を痛めていた。この問題を放置してはいけない。そう考えた彼女は全国を飛び回り、残留日本人に声をかけ賛同者を募り、行く行くは国を相手取って訴訟を起こし、損害賠償を求めようとしていたのである。

木村氏は言う。

「池田澄江さんの意見はもっともでした。日本政府がきちんとした支援をしなかったせいで、たくさんの人たちが貧しい生活を強いられたり、差別を受けたりすることになっていた。中には自殺した人もいたそうです。これを放置することは問題を深刻化させるだけです。できるだけ早い段階で新たな支援制度を作ってもらわなければならない。池田さんが言ってきたのは、まず全国で一〇〇万の署名を集めて、残留日本人の意見を形にしようというものでした」

木村氏に話が来たのは、彼女の経営する店が福岡在住の残留日本人の社交場になっていたからだろう。彼女はその提案に賛同し、店の常連客二〇人に話を持ちかけ、さらにそこから他の残留日本人の住所を聞いて家を一軒ずつ回り賛同者を募っていった。

二〇〇二年以降、このように全国各地に散らばっていた残留日本人が地域ごとにまとまって原告団を結成し、訴訟を起こすようになる。札幌地裁から鹿児島地裁まで全国一五の地裁で裁判が行われた。福岡でも裁判が行われ、その原告団には彼女が奔走して声をかけた人を含めた一三七人が名前を連ねていた。

全国でもっとも大規模に行われた東京地裁では、原告団の訴えは退けられて敗訴したものの、提訴によって残留日本人たちの困難な境遇に光が当たることになった。そして二〇〇七年、政府は提訴とは別に、残留孤児や残留婦人に対する支援は必要だという判断を下し、彼らに対する支援を正式に行うことを決めた。支援内容は、①国民年金の満額支給（それまでは帰国前の未払いの分が支給されなかった）、②低所得者に対する生活保護に代わる生活支援給付、③全国に支援・相談員の配置、④医療費、住宅費を国が負担、⑤日本語教育や地域活動の支援、の五分野にわたった。

木村氏は語る。

「残留日本人は、中年になってから日本に来たせいで、安定した仕事に就けず、地元でも孤立して生きてきました。そのため、年金もわずかしかもらえず、助けてくれる人もいないので、高齢になった時に生活できなくなってしまうのです。

現に、私の周りでも生活保護に頼っている残留日本人はたくさんいました。日本に来てまで国のお荷物になっていることで、彼らのプライドはズタズタに引き裂かれていました。

国が行った新たな支援は、そうした人々の生活や気持ちを支えるのに必要なものでした。この支援制度であれば、彼らは、国は自分たちの境遇をしっかり見てくれているのだと安心できますし、これまで以上に生活も安定する。これがないのとあるのとでは、精神的にも、生活的にもぜんぜん違うのです」

残留日本人たちの中には、自分たちが「日本という国家に三度捨てられた」と考えている人が少なくない。一回目が開拓民として満州へ移住することになった時、二回目が残留日本人として中国に取り残されることになった時、三回目が一九五九年に政府が「戦時死亡宣告（戦争で消息不明になった人々を死亡したことにした）」で残留孤児の戸籍を抹消した時だ。そんな彼らにしてみれば、改めて支援制度ができたことは、ようやく政府が自分たちの問題に目を向け、手を差し伸べてくれたと思える出来事だったのだろう。

とはいえ、残留日本人の補償問題にはもう一つ課題が残されている。二世に対する支援だ。

すでに述べたように、二世の中には学校で激しい差別を受けたり、二十歳前後で来日したりしたことで社会に溶け込めなかった者たちが少なくない。そうした者たちの多くが、安定した仕事に就けず、貧困に苦しんできた。

前出の残留日本人二世である小島氏は言う。

「僕は残留婦人の子供として育ちました。お母さんは一九九〇年に帰国して、僕は七年後に四十九歳で日本に来た。その年齢で来日しても、日本語はぜんぜん覚えられないし、職場でのいじめもひどかった。掃除、部品工場、鉄工所、いろんな仕事をしたけど、お給料をもらえないこともあって、つらい思いをたくさんしました。今もらっている年金は月に一万九〇〇〇円だけです。これじゃ、とてもじゃないけど生きていけないので、死ぬまで働かなければなりません。僕だけでなく、友達もみんな同じです」

二世とはいえ、小島氏は一九四七年の生まれであり、戦時中に生まれた一世とは二、三歳の差しかなく、たどってきた人生はほとんど同じだ。それなのに一世には手厚い支援が行われて、二世の自分にはない。

この問題を解決すべく、小島氏は残留日本人二世で構成される「二世の会」の会長に就任し、国に対して二世への支援の必要性を訴えた。一世に対して認めた年金の満額支給、生活給付金、地域支援などを二世に対しても認めるよう求めたのだ。

小島氏自身、この要求の実現は簡単ではないとわかっている。その理由を次のように語る。

「二世は年齢の幅がとても広いから、人によってぜんぜん状況が違います。小さな頃に日本にやってきた子は日本語がペラペラで普通の日本人と同じように生きていけるけど、僕みたいに五十歳くらいで日本にやってきた人は何もかもがうまくいかない。これだけ違う人たちを『二世』と一括りにして支援を求めても、国がなかなか納得しないのは仕方のないことだと思います。でも、だからといって諦めていいわけじゃありません。二世の人たちは苦しんでいるし、その子供たちや孫も同じなんです。難しくても、訴えるべきことは訴えていかなければならないと思っています」

ここからわかるのは、残留日本人たちの「戦後」は未だに終わっていないということだ。戦争で日本政府が切り捨ててきた人々は、高齢になった今も社会の隅で誰にも言えぬ苦労を抱えているのである。

（二〇二〇年取材）

第五章

高齢者大国の桃源郷へ

死の淵の傾聴――自殺

どん底での出会い

「あの時の僕は、もう死ぬしかないって思いつめていました。自殺以外のことが考えられなくなっていたんです。僕の周りには人生につまずいて自ら命を絶った人が何人もいました。だから、うまくいかなくなった時は自殺を選ぶものだという感覚になっていたのかもしれません」

秋田県在住の佐藤正隆《さとうまさたか》氏（64歳）は、四十代の頃に自殺の寸前まで追いつめられた時のことをそうふり返る。死ぬかどうかで迷うというより、それ以外の選択肢が思い浮かばなくなっていたという。

正隆氏が秋田県内で生まれたのは一九五八年だった。父親は秋田県警に勤める刑事、母親は専業主婦だった。

後に判明するのだが、正隆氏には発達障害の一つであるＡＳＤ（自閉スペクトラム症）があり、生まれつき他人の気持ちやその場の空気を読み取ることが苦手だった。加えて、父親の転勤で二年ごとに転校をしていたこともあり、仲の良い友達はおらず、ずっと自分がどこにも属していないような感覚があったという。

社会に出て最初に壁にぶつかったのは、父親と同じ仕事を目指して警視庁に勤めはじめた時だった。東京にある警察官の教育訓練施設・警察大学校に入ったところまでは良かったのだが、そこでは規律正しい行動と高い協調性が求められる。彼は発達障害の特性からそうしたことができず、わずか四カ月で退職に追い込まれた。

その後、正隆氏はアルバイトを経て秋田県の外郭《がいかく》団体に勤めたものの、そこでも自分勝手な言動が目立ち、職場での評価は極めて低かった。家庭でも同様だった。三十三歳で結婚した妻とは、あらゆることですれ違いが起き、口論が絶えなかった。いつも言われるのは「なんで私の気持ちをわかってくれないの?」という言葉。関係の修復は困難で、結婚十年目に離婚した。

正隆氏はふり返る。

「今考えたら、発達障害のせいだったと思うのです。人の気持ちがわからないから、会社でも家庭でもどうしても人とうまくいかない。僕はそのつもりじゃないのにぶつかってしまうんです。あの時は原因がつかめなかったから、なんで自分だけこんな目に遭うんだろうって思っていました」

彼の人生が崩壊したのは、四十代の半ばだった。毎月一〇〇時間の残業をすることで何とか仕事のノルマをこなしていたが、彼の属していた部署が別の部署と統合されることになり、それに伴ってリストラを告げられたのだ。

家庭も仕事も失った彼は、人生が終わったように思え、目の前が真っ暗になった。脳裏に浮かんだのは、かつて自ら命を絶った知人たちの顔だった。ある男性は建設会社の経営に失敗して首吊り自殺をし、別の男性は文具会社を経営する中で一億三〇〇〇万円の借金を抱え、陸橋から飛び降り自殺をした。

正隆氏は彼らの顔を思い浮かべ、自分も同じようにこの世から消えるしかないのだろうと考えた。そして冒頭のように自殺へと追い込まれていくのである。

しかし死の淵にあった彼は、ある出会いによって命を救われる。その出会いが、全国的に知られた「秋田モデル」と呼ばれる自殺防止対策だった——。

国内最悪の自殺率

日本は、先進諸国と比べると自殺率が高いとされており、OECD加盟国の中ではワーストだ。もっとも多いのは五十〜六十代の中高年世代だが、他国と比べると若者の自殺率も高く、十五〜三十九歳の死因のトップが自殺なのはG7で日本だけだ。

そんな日本で、独自の取り組みによって自殺率を大幅に減少させた地域がある。秋田県だ。秋田県は二〇年ほど前から自殺予防に本腰を入れ、「秋田モデル」と呼ばれる予防対策を確立した。これは日本の自殺対策において先駆的事例として広まり、他の県や自治体のモデルにもなっている。

秋田モデルとは一体、どのようなものなのか。県民はそれによって本当に救われているのか。日本で起きている自殺について考えながら、それを見ていきたい。

東北の日本海に面した秋田は、古くから自殺率の高い都道府県として知られていた。かつて人口一〇万人当たりの自殺率は、一九年連続で日本ワースト一位。それ以前もワースト上位層の常連だった。

なぜ秋田ではこれほどまでに自殺が多いのか。科学的根拠の乏しいものも含め、これまで次のような原因が挙げられてきた。

冬の間深い雪に閉ざされた気候、日本酒の消費量との関係性、長らくつづく地方の不況、日照時間の短さ、健康問題が発生しやすい地域性、過疎《かそ》地の多さ、少子高齢化に伴う共同体の崩壊……。

一つひとつ挙げればきりがないが、近年の専門家たちの議論では、何らかの明確な原因があるわけではなく、右記のような数多《あまた》の要素がつみ重なって、自殺率が高まったとされている。

ところが、一九九〇年代の前半まで、秋田の自殺率がここまで高いということは県民にすら知られていなかった。統計がなかったわけではないが、その頃までは自殺を病死や事故死として処理することもあって今ほどデータが正確ではなかったし、細かな調査研究を行う人もいなかった。そのため地域ごとの自殺率にさほど注目が集まっていなかったのである。

最初に秋田の自殺問題に注目し、警鐘を鳴らしたのは、秋田大学で教鞭《きょうべん》をとっていた法医学者・吉岡尚文《よしおかなおふみ》氏だった。

法医学教室に勤めていた彼は、仕事柄県内で見つかった変死体の検案をすることが多かった。その中で、秋田の自殺率の高さに気がつき、調査研究を開始する。そして全国の統計などと比べて、それが際立ったものであることを裏付けた。

吉岡氏は県民にこの事実を伝えるため、一九九二年に研究成果を『秋田県の憂鬱』という小冊子にまとめ、配布した。県内の自殺率の高さや現状を細かく記したものであり、啓発や予防の一助となればと願っていた。

小冊子の内容は関係者には衝撃的だったが、県民からの反応は期待していたほど大きくなかった。当時は、自殺は隠すべきものであり、公に語るべきではないという風潮があり、なかなか議論を呼び起こすまでには至らなかったのである。

そうこうしているうちに日本経済がバブルの崩壊によって地盤沈下し、不景気の波が襲いかかってきた。これによって、日本全国で自殺者が急増するようになった。企業が次々と倒産に追い込まれたり、大規模なリストラが決行されたりしたことで、現役世代の間で自殺者が増えたのだ。

日本全体でいえば、景気の良かった一九八〇年代は年間の自殺者は二万人台前半だったが、わずか一〇年後の一九九〇年代後半には三万人を突破した。秋田も同様で、年間三〇〇人台だった自殺者数が、一九九〇年代後半には四〇〇人台になり、二〇〇〇年代に入ると五〇〇人を超える年もあった。

この間も、吉岡氏は根気強く秋田県の自殺率の高さを示し、早急に手を打つべきだと警告しつづけた。最初の小冊子を出した五年後には、第二弾に当たる『秋田県はまだ憂鬱』を、その翌年には『憂鬱からの脱却を』を出す。

全国的に自殺者が増えたことで、政府や全国紙が実態を取り上げ、行政の議題に上がりだしたのは、一九九〇年代の終わりから二〇〇〇年代にかけてだった。各地で調査が行われ、啓発活動の必要性が唱えられるようになったのだ。それに合わせて、秋田でも地元紙の『秋田魁《さきがけ》新報』が吉岡氏の調査研究を特集の中で紹介したり、県議会や市議会で自殺防止対策について議論されたりするようになった。もはや誰にとっても無視できない状況になっていたのである。

「蜘蛛の糸」の誕生

その頃、秋田の事業家の一人が、会社の倒産によって自殺の寸前まで追いつめられていた。後に秋田の自殺対策に大きな影響を与える佐藤久男《ひさお》氏（79歳）である。

佐藤氏は一九四三年に秋田県北部で生まれた。父親もまた会社経営者で様々な事業を幅広く手掛け、地元でもよく知られた存在だった。だが、佐藤氏が小学二年生の時、この父親が川の浅瀬で遺体として発見された。死因は不明といわれたが、前日までは元気だったことから、佐藤氏は自殺としか考えられなかった。

この日を境に、一家は急激に落ちぶれ、三度の食事にも困るほどだった。大黒柱を失ったことに加え、体の弱かった母親が働けなかったため、収入がゼロに近い状態になってしまったのだ。佐藤氏は自分だけでもがんばろうと、名門県立高校に進学し、奨学金をもらって国立大学へ進学しようとした。だが、高校の終わりに熱病に襲われたことで進学を断念し、秋田県の職員になった。

一時は安定した職を選んだ佐藤氏が一念発起《いちねんほっき》するのは、それから七年が経った二十五歳の時だった。若いうちに一旗揚げて起業してみたいと思ったのだ。そして民間の不動産鑑定事務所に転職して経験をつんだ後、独立して不動産事業をはじめた。

佐藤氏は父親譲りの商才があった上に、バブル景気の追い風も吹いていたのだろう、会社は急速に成長していき、気がつくと社員は五〇人、年商は一五億円に膨らんでいた。

この頃の佐藤氏は、妻との間に三人の子宝にも恵まれ、まさに順風満帆な生活を送っていた。だが、バブルの崩壊によってそうした生活は大きく傾く。土地の価格がどんどん下がり、佐藤氏の会社も資金繰りが悪化した。なんとか歯止めをかけようと思ったが、打つ手がすべて裏目に出た。そして二〇〇〇年には、負債総額が八億円以上にまで膨れ上がった。

もう会社を畳む以外に選択肢はない。佐藤氏は覚悟を決め、関係者のところへ出向いて頭を下げて回った後、倒産の手続きを行った。これまで人生をかけてつみ上げてきたものが跡形もなくなってしまったのである。

諸手続きが一段落した直後、佐藤氏の心身に異常が生じるようになった。倒産の時のつらい記憶がフラッシュバックしたり、原因不明の呼吸困難に襲われたり、眠ることができなくなったりしたのだ。

日を追うごとに体調は悪くなっていき、やがて佐藤氏は激しい希死念慮に襲われるようになった。もう死んでしまいたい。この世から消えた方がマシだ。そんな気持ちになり、一日に何度も自殺衝動に駆られる。ふと桜の木を見た時、そこで首を吊っている自分の幻影を見たこともあった。

幸いだったのは、佐藤氏は過去に一度心を病んだ経験があり、自分が精神をやられていると自覚できたことだ。彼は病院の精神科に駆け込み、事細かに事情を話した。医師はうつ病と診断し、適切な治療のプロセスを示してくれた。佐藤氏は少しずつ体調を取り戻していった。

そんなある日、佐藤氏は知人から連絡を受け、知り合いの経営者が自殺したと教えられた。同世代の事業家仲間だった。彼もまた自分と同じように会社経営に失敗し、精神をやられて命を絶ったという。佐藤氏はそれを聞いて他人事と思えなかった。

――もうこうした悲劇をなくしたい。そのために自分にできることは何かあるだろうか。

佐藤氏の胸に、新しい目標が生まれた。

二〇〇二年、佐藤氏はたった一人で自殺防止のための支援団体を立ち上げた。ＮＰＯ法人「蜘蛛の糸」だ。佐藤氏はここを拠点にして自分と似たような境遇の人たちの相談に乗り、自殺を思い留まらせたり、啓発活動をしたりしようとしたのだ。

蜘蛛の糸の事業はすべて佐藤氏の手弁当だった。自分でチラシを作り、広告を掲載し、相談者からの連絡を受けた。一対一で行うカウンセリングも佐藤氏だけでやった。

当初、佐藤氏はひたすら相談者の話に耳を傾ける傾聴によって相談者の苦悩に寄り添おうとした。だが、やればやるほど、傾聴によって一時的に相談者のストレスを軽減するだけでなく、彼らが抱えている根本的な問題を解決することの重要性を痛感した。

たとえば、その人が経営していた会社が倒産したとしよう。そうすれば、お金や社会的地位を失うだけでなく、それをきっかけにして夫婦関係の破綻、子供の進学断念、元従業員との軋《あつ》轢《れき》、地域からの孤立など新たな困難がつみ重なっていく。当事者はその重さに耐えきれなくなって自殺へと走るのだ。

だとしたら、彼らの自殺を防ぐには、傾聴によってその時だけ気持ちを軽くするだけでなく、希死念慮の原因である複合的な問題を解決へと導かなければならない。だが、それは一人でできることではない。弁護士、医師、カウンセラーなど様々な専門家と協力し合い、心を一つにして取り組む必要がある。

佐藤氏はそのことに気がつくと、県内の各分野の専門家のところを訪ね歩くことにした。自殺が起こるメカニズムから、そこで必要とされている支援を説明し、一緒に自殺予防のために動いてくれないかと働きかけたのだ。佐藤氏の思いに賛同する人が、一人またひとりと増えていき、次第に大きなネットワークができ上がっていった。

「民・学・官」の連携モデル

同じ頃、秋田県も自殺者数を減らすために立ち上がっていた。地元の秋田大学の専門家の助言をもらいながら、県として自殺予防対策の立案をし、いくつかの取り組みをスタートさせていたのである。

ただ、県の動きがすぐに自殺者の減少に結びつくわけではない。秋田県に限らず、行政や大学が得意とするのはマクロの事業、つまり予算を組んで実態を調査したり、自殺予防のための啓発活動をしたりすることだ。逆に、現場に足をつけて、今まさに自殺を考えている人と向き合い、臨機応変に対応するようなミクロの事業は苦手とするところだ。

では、誰なら後者の役割を担えるのか。それが蜘蛛の糸のような民間団体であり、佐藤氏のような固い意志を持った支援者なのである。

県も大学もそうしたことを理解しており、同時期に佐藤氏が作り上げていた民間支援のネットワークに着目し、最前線での自殺防止の活動をバックアップすることになる。これによって、民間の支援者たちは、資金面での支援を受けながら、活動に注力できるようになっていった。

二〇〇六年、佐藤氏たちのネットワークの活動にとって大きな追い風が吹く。国が自殺対策基本法を施行したのだ。当時の日本では年間の自殺者が、いよいよ三万人を突破していた。国はこれを憂慮し、自殺対策基本法を作ることによって、啓発活動、医療体制の整備、民間団体への支援、それに遺族へのメンタルケアに取り組む体制を整えた。

当時の秋田県知事・寺田典城《てらたすけしろ》氏は以前から自殺対策に理解があったが、これを受けて一気にアクセルを踏み込む。自殺対策基本法が施行された次の年、秋田県庁の呼びかけによって自殺対策に関する市町村トップセミナーが開催された。県内の市町村の首長や民間団体を集め、連携して自殺防止対策を実践する体制を作り上げたのである。

こうして誕生したのが、秋田モデルと呼ばれる体制だった。「民・学・官」の連携ともいわれ、民間団体、大学、自治体という三本の矢が一つにまとまり、各々の長所を最大限に活かしながら、自殺防止に取り組んだのだ。民の文字が最初にあるのは、民間主導型であることを示している。

この三位一体の秋田モデルの役割分担をもう少し具体的に示そう。まず秋田大学が地域診断を行い、市町村の現状分析を行う。今度は自治体がそのデータを踏まえて、「巡回相談」「講演会」「交流イベント」「生きがいづくり」などといった予防対策事業を打ち出す。そして最後に民間団体が経済面などで支援を受けながら具体的な活動を行う。狙う成果は主に次の三つだ。

1、自殺問題に対する意識を高める。
2、住民の活動の活性化。
3、自殺者を減らす。

こうした取り組みを進める一方で、県や大学は医療業界に自殺予防の意識改革をすることにも力を入れた。医療の世界は縦割りで、精神科医を除けば、自殺予防に熱心な人はあまりいない。だが、自殺未遂をした人が別の科を受診していたり、精神的な悩みを持つ人が看護師や医療ソーシャルワーカーにそれを相談したりすることがある。それゆえ、県内の医療者を集めて自殺に関する研修会を行い、発見、介入、連携の方法を伝えることで、医療界全体の意識を高めたのである。

この秋田モデルの効果は、ほどなくして大きな成果として現れることになる。県内で起きた年間自殺者数が一番多いのは、二〇〇三年の五一九人だった。これが二〇〇七年以降はどんどん減少していき、二〇二一年には一七七人にまで減ったのである。二〇年で三分の一、全国ワースト一位だった自殺率は一〇位にまで下がった。これは、秋田で行われた取り組みが他県と比べて効果的だったことを示している。

とはいえ、全国的に見れば、秋田の自殺率は決して低いわけではない。秋田モデルの最前線で働いている人たちは、その現状をどう見ており、今後の課題を何だと考えているのか。私はそれを聞くために、県庁を訪れることにした。

成果を左右する民間団体の力

秋田モデルの特色は、全方位からの支援だ。何か一つに力を入れるのではなく、啓発活動、相談支援事業、家族ケア、支援者養成など複数の支援を包括的に行う。そうした活動を支えているのが県の予算だ。

県の健康福祉部保健・疾病対策課の小関裕紀《こせきひろき》氏は語る。

「県が自殺対策にかけている予算としては、二〇二一年度で年間九六〇〇万円です。県の規模を考えれば、他県と比べても多い方だといえるでしょう。ただし、これだけでは足りませんので、市町村が別に支援したり、企業の寄付で賄ったり、民間団体が個別に財源を持っていたりします。県としては直接払う予算の他にも、研修会等に職員を講師として派遣するなど可能な限りバックアップしています」

民間主導型と言えば聞こえはいいが、それを実現するには民間団体が複数あり、積極的に活動していなければならない。秋田モデルの特色の一つは、自殺対策にかかわる民間団体の数が多いことだ。

県内には、メイン事業として自殺対策を行っている団体だけで一五あり、その他にも自殺の周辺の問題に関する支援、たとえば地域サロン、見守り、債務整理、就業支援などを行う団体は六六に上る。つまり、自殺防止支援団体が中核となり、周辺団体が力を合わせることで包括的な支援を行う体制が整っているのだ。

小関氏は言う。

「他県に比べて民間団体の数はかなり多いと思います。長い間、自殺率がワースト一位だったことへの危機感に加え、これまで頻繁に啓発活動をしてきたことによって、人々の意識が高まったことが背景にあるのでしょう。

また、県としては民間団体の後押しをするだけでなく、事業にかかわる人たちの人材育成にも力を入れています。専門家だけでなく、知識を持って専門家へつなげられる支援者の養成を行っているのです」

秋田モデルの第二の特徴は、自殺に関する専門家や支援者を育てていることだ。ここでいう専門家とはメンタルヘルスサポーターを示し、支援者はゲートキーパーがそれに当たる。

メンタルヘルスサポーターの育成は、すでに自殺防止活動をしている人たちに一段上の専門知識を授けてレベルアップさせるものだ。医師や臨床心理士による講座を受講し、そこで自殺に至るまでのプロセス、相談者に対する傾聴の仕方、心の健康作りなどを学んでもらうのである。

ゲートキーパーは、身の回りに悩んでいる人がいた場合、当事者をメンタルヘルスサポーターや医療者につなげる橋渡し的な役割を果たす人間だ。こちらも同じように講座に通うことで、心の問題や自殺についての基本的な知識を身につける。

小関氏はつづける。

「二〇二一年度末の県内のゲートキーパー養成講座の受講者数は、七九二一人に上りました。ゲートキーパーの受講者は毎年かなりの数に上り、今は一万人の大台に乗せることを目標としています。秋田県の人口が約九三万人ですから、人口の一％が自殺対策の専門知識を持ち、何かしらの活動をしていることになります。県の自殺対策は、この人たちの存在が土台になっています。身近なところで人が悩んでいたら声をかけ、必要に応じて専門家の支援につなげるという意識を持った県民が大勢いるのですから、サポート体制はかなり強固なものになっていると思います」

県が音頭を取って、それぞれの市町村が同じ熱意で取り組むからこそ、これだけの人たちを巻き込むことができているのだろう。

養成講座は、メンタルヘルスサポーターやゲートキーパーが横のつながりを作ることにも役立っているそうだ。養成講座に通っている中で意気投合し、一緒になって傾聴サロンなどの事業をはじめることも多いという。また、参加者の多くは何かしらの団体に所属しているので、団体同士の交流にもつながる。

小関氏は言う。

「今後、県としては若い方の教育に力を入れていきたいと考えています。学校で自殺予防の教育をし、十代くらいのうちに意識を変えてもらえれば、彼らが成人になった時にいろんな形で自殺予防に貢献してくれるはずです。若い方なら、今の中高年の支援者には想像もつかないアイディアも出てくるのではないでしょうか」

秋田モデルの理想の一つは、すべての世代に支援のネットワークを広げることなのだ。

秋田モデルの最前線

県庁の次に向かったのは、秋田モデルの構築において中心的な役割を担ったNPO法人「蜘蛛の糸」の佐藤久男氏だ。同団体は、今年で設立から二〇年を迎えていた。

秋田市の繁華街のビルの三階に、「秋田ふきのとう県民運動実行委員会」と記された事務所がある。この実行委員会は、佐藤氏が、自殺防止活動をより充実させるために県内の様々な団体（医師会、新聞社、社協、民生・児童委員会、NPOなど）を集めて結成したものだ。現在は、一〇七の各種団体、二五の市町村、二九の個人会員から成り立っており、顧問には知事が就いている。まさに県が一丸となってネットワークを築いているのだ。

応接室に現れた佐藤氏は、白髪の小柄な男性だった。だが、話をしてみると、言葉の端々から強い信念が感じられた。

まず彼は新型コロナの影響について次のように述べた。

「日本全体ではコロナ禍で若者と女性の自殺が増加しました。ただ、私は二〇〇八年のリーマンショックによって多くの若者が自殺した経験をしてきたので、新型コロナが広まってすぐに手を打つことができました。

経済問題が発端となる自殺を防ぐのは、比較的簡単なのです。会社の破綻や借金が原因ならば、弁護士や司法書士に介入してもらうことによって苦労を軽減したり、相談に乗ってもらったりすることができる。家庭で起こることも大体予想できる。総じて対処しやすいのです」

秋田県ではリーマンショックが起きた年には自殺者数の増加を許してしまったが、新型コロナが流行した二〇二〇年は前年より減らすことができた。適切な予想と対策は、確実な成果を生むのだ。

とはいえ、佐藤氏によれば、自殺の中には対策が困難なものもあるという。彼の言葉である。

「もっとも難しいのは高齢者の自殺予防です。二〇二一年は一七七人の自殺者がおり、そのうち半分は高齢者でした。中年世代であればまだ対策の打ちようがあるのですが、高齢者となると対策が難しい。なぜかわかりますか。高齢者になると、第三者が〝生きがい〟を提供するのが困難なのです」

自殺防止対策の基本は、当事者の精神状態を安定させた後に、生きがいを見いだしてもらって前向きな気持ちにさせることだ。仕事でも、趣味でも、恋愛でも何でもいい。人は楽しいと思うことがあるからこそ、日常の中で多少大変なことがあっても、前を向いて生きていこうと考えられるようになる。

だが、高齢者にそうした意識を植えつけるのは簡単ではない。高齢者の自殺は、配偶者の死、経済的困窮、健康悪化といった複数の要因が重なって起こる。もし四十〜五十代ならば、あと半分くらい寿命が残っているし、治療を受ければ心身の不調は改善されて元通りになる。

新しい仕事や趣味だって、その時点からはじめても遅いということはない。だが、七十代、八十代となってくると、そうはいかない。残りの人生は限られており、体は衰えていく一方だ。配偶者や友人が先にこの世を去っていれば、孤独を埋めるのは難しい。こうなると、もう一度がんばって人生を立て直して生きていこうという意識にはなりにくい。だから、支援者がアドバイスをしても、なかなか心に届かないのだ。

佐藤氏は言う。

「高齢者同様に、若者、特に中高生の自殺も減らすのが難しいといわれています。秋田県の自殺者において若者のそれは約二〇％を占めています。自殺はいくつかの要因が重なり、うつ病などの精神疾患になって希死念慮が生まれ、自分をコントロールできなくなった結果、引き起こされることがほとんどです。逆に言えば、精神疾患になった時点で治療につなげれば自殺は防げる。しかし、若い人であればあるほど、心の問題が見えにくいのです。本人もＳＯＳを出さないし、親も学校も気づかない。それでどんどん精神疾患が悪化して自殺へと至るのです」

若者の心の病が発見されにくいというのはよく指摘されることだ。たとえば、大人が会社に出勤できなくなれば、本人も周りもうつ病を疑って病院へ行くだろう。だが、子供が不登校になった時、どれだけの人がそうするだろうか。子供には精神疾患の知識がないし、周りの大人もなかなかそれを疑おうとはしない。そうこうしているうちに、病状は悪化していく。

佐藤氏はつづける。

「若者への支援が難しい背景には、コミュニケーションツールの違いもあります。自殺防止相談の基本は直に会って傾聴をすることです。しかし若い人はSNSでのコミュニケーションが基本です。うちもLINE相談などをやっていますが、携帯電話の短文は会話に比べれば情報量が圧倒的に少ないですし、信頼関係も築きにくく、アフターケアもしにくい。だから旧来型の支援にはあまり向かないのです」

SNS相談には、すぐに返信が求められるという特徴もある。だが、二十四時間対応に切り替えれば、支援者の方が倒れてしまう。困難を抱える若者にどうアプローチしていくかは、今後の大きな課題だ。

こうした難しさを挙げつつ、佐藤氏は強い口調で言う。

「秋田モデルによってかなり自殺者を減らすことはできましたが、今申し上げたように不十分な点もあります。今後はそうした穴を埋めていかなければなりません。それには僕らが一段も二段も成長していくことが必要でしょう。僕らはそのために日々多くのことを学び、取り組まなければならないのです」

佐藤氏はすでに秋田県の自殺対策の重鎮であるにもかかわらず、「良質な相談員になりたい」という一心で七十歳を過ぎて東北福祉大へ入学し、メンタルヘルスを学んだ。そして二〇二二年、八十歳を目の前にして同大学院へ進学。今後は修士号取得のために勉強を重ねるという。

民間主導型の支援を成功させるには、支援者個々の能力の底上げが欠かせない。そういう意味では、支援者たちの懸命な努力が、秋田モデルを堅固なものにしているといえるのである。

秋田大学の自殺予防のセンター

最後に私が向かったのは、民・学・官のうちの「学」に当たる秋田大学だった。

秋田大学の中に、「自殺予防総合研究センター」が新設されたのは、二〇二一年のことだった。すでに定着した秋田モデルをより充実させるために、専門の機関を置いて、自殺に関する調査や研究、県の防止対策の評価、若者への啓発活動などを推し進めることを目指しているらしい。

インタビューに応じてくれたのは、副センター長で同大学教授の佐々木久長《ささきひさなが》氏（62歳）だ。彼はセンターの設立の経緯を次のように述べた。

「秋田の自殺対策は、吉岡尚文先生からはじまったので、法医学による分析が主でした。その後だんだんと公衆衛生の研究者が加わったことで、地域で自殺予防をしていく取り組みへと成長していった。僕自身も公衆衛生側の人間として『秋田いのちの電話』の設立にかかわるなどした経験があります。そうした流れの中で、大学内に自殺に関する専門センターを置いて、もう少し広さと専門性を持った活動をするべきではないかという話が出たのです。それを県に相談したところ、補助金を出そうということになり、センターが誕生しました」

現在、センターが取り組んでいるのは、主に次の四つだ。

1、ＳＮＳを活用した高齢者支援。
2、勤労者等のメンタルヘルス調査。
3、中高生へのＳＯＳの出し方教育。
4、メンタルヘルスサポーターフォローアップ研修会などの研究・事業。

順番に見ていこう。

1は、学生がＳＮＳを使って行う高齢者支援だ。高齢者の中には健康などの理由で自由に外出したり、地域の集まりに参加したりすることが困難な人たちがいる。こうした人たちの孤立を防ぐため、タブレット型端末を貸し出し、一週間に三〇分程度、大学生と交流する時間を設けているのだ。

大学生は一回につき一〇〇〇円のバイト代をもらい、高齢者に端末の使用法を教えたり、オンラインで話を聞いたりする。このような交流の中で、彼らは高齢者から様々なことを学ぶことができる。目上の人との付き合い方を学んだり、近い将来経験するであろう就職、結婚、子育てなどについてのヒントをもらったりする。

また、高齢者にとっても、新時代のコミュニケーションツールを手に入れることは、新たな生きがいの発見を生むことになる。ある高齢者の女性はタブレットについているカメラを使って、庭で育てている花の写真を撮って、それを学生に見せるのを楽しみにしているという。彼女にとっては一人で花を愛《め》でているより、学生と共有した方が喜びは大きいのだろう。こうしたことが生きがいにつながる。

2は、社会人への健康調査だ。センターが商工会議所と連携して行っており、新型コロナが流行した際は、県内で二割ほどの人がその影響でメンタルや身体に不調を感じていることを明らかにし、早い段階でケアに踏み切ることができた。

3は、学校の特別活動を利用した中高生に対する自殺予防教育である。大学生が高校に出向いて講義をし、苦しい時のSOSの出し方や、友人からそれを受け取った後の対処法を伝える。自殺する子供は、親や教員に悩みを打ち明けることができないことが多いため、その周りにいる子供たちがゲートキーパーになることで、支援の一翼を担えるようにしている。

4は、メンタルヘルスサポーターに対するフォローアップ研修だ。すでに述べたようにメンタルヘルスサポーターになるには、講習を受ける必要があるが、それだけではなかなか知識やスキルが定着しない。それゆえ、最初の講習とは別にメンタルヘルスサポーターに関する研修を行うのだ。

研修の内容の一例として、傾聴のやり方を紹介しよう。相談者から「死にたい」と言われた際、サポーターがいきなり理由を尋ねるのは言語道断だそうだ。理由を聞き出そうとすると、「なんとかなる!」「がんばれ!」という話の展開になりがちだ。そうなると、相談者は、わかってもらえなかった、と失望することになる。

ではどうするべきなのか。最初は、「死にたいと思っているんですね。いつ頃からですか」という質問からはじめる。相手が答えたら、今度は「その頃、何があったのですか」と事実関係を尋ねる。その後、相手が抱えている事情や問題に耳を傾け、最後は「話してくれてありがとうございます」という形で話を終える。そうすると、相手は「わかってもらえた」と受け止め、次のステップへ移ろうとするのだという。

この研修の特徴は、午前中に行われる座学に加えて、午後に交流会を行うところだ。メンタルヘルスサポーターは志を同じくする者同士で情報を共有したり、何かの活動を一緒にしたりすることで、より力を発揮するらしい。

佐々木氏は言う。

「来年以降は、自殺未遂者対策にも力を入れていくつもりです。東京や大阪など大きな都市であれば、自殺未遂者が一定数いるので、自然に自助グループが結成されることがありますが、秋田くらいの規模だと人数が限られているので大学の側から声掛けをしなければ難しいのです。そのため、私たちが主導して当事者に声をかけ、場所を提供し、当事者同士で支え合う仕組みを作っていくつもりです」

自殺未遂者は、原因となった問題が未解決なままだと、再び自殺を図るリスクが高い。ゆえにそうした者たちを月に一度くらいのペースで集め、当事者同士で体験談を語り合ったり、専門家が適切なアドバイスをしたりすることで、リスクを軽減させる必要があるのだ。

佐々木氏は言う。

「県や民間が自殺対策をしようとしても、単独で取り組むにはハードルが高いです。命にかかわる仕事なので、失敗したらどうしようとか、間違ったことをしていないだろうかという不安が常につきまとう。でも、そこに大学が加わると、専門家が後ろ盾になってくれているという安心感が生まれます。自分たちは専門知識を学び、それを実行しているのだという自信がつくので、いろんなことがやりやすくなる。民・学・官に『学』が存在する意味はそこなのです」

秋田モデルとは、社会全体で人と人とがつながる機会と力を育んでいく取り組みなのだろう。逆に言えば、それができたからこそ二十年間で自殺者数を三分の一まで減らすことができたのだ。

日本が自殺大国から抜け出すには、どのような地域づくりをするべきなのか。その答えは、意外に身近なところにあるのかもしれない。

（二〇二二年取材）

もう一つの実家――介護

老若男女がかかわり合う場所

富山県富山市の閑静《かんせい》な住宅街に「このゆびとーまれ」がある。富山型デイサービスと呼ばれる先進的な福祉のモデルとなった施設だ。

デイサービスとは「通所介護」のことであり、主に要介護認定された人が日中にそこへ行って、食事や入浴のサービスを受けたり、レクリエーションによってＱＯＬ（生活の質）を上げたりすることを目的としている。家族にとっては、その時間は介護から解放されるひと時になる。

住宅街にあるこのゆびとーまれの事業所は、どこにでもありそうな木造二階建ての建物だ。表札がなければ、少し大きめの民家にしか見えない。これまで私が訪れた施設然としたデイサービスとは雰囲気がまったく異なる。

建物の中に入ると、田舎の実家を訪れたような家庭的な光景が広がっていた。リビングのテーブルではお年寄りがおやつを食べ、キッチンからは料理を作る音が響いている。一般的な家と少し違うのは、出入りする人の数が多いことと、酸素チューブを付けた障害児がいることだろうか。とはいえ、お年寄りがその障害児に絵本を読むなどしているので、おばあちゃんと孫だと言われれば疑わないだろう。

部屋の隅で眺めていた私に、雑用をしていた三十代の女性が近づいてきて言った。

「ここ、実家の親戚の集まりみたいですよね」

私はうなずいた。

「毎日ここにはたくさんの人が来るけど、一人ひとりの距離がすごく近いの。だからみんな自然と仲良くなる。誰にとっても安心できる場なんですよね」

私はこの女性をスタッフだと思い、ここで働いてどれくらいになるのですかと尋ねた。彼女は苦笑いして答えた。

「私はスタッフではなく、利用者の親なんですよ。迎えに来たついでにちょっと手伝っているだけです。ここではできる人ができることをするのが当たり前なので」

先ほどまで施設の備品を運び込んでいたので、すっかりスタッフだと思い込んでいたのだ。私は驚きながら、これが富山型デイサービスのあるべき姿なのだろうかと思った。

日本において、高齢者の介護は最重要課題の一つとなっている。これまで、年老いた親の世話は子供や孫がするものだったが、そうした習慣はなくなりつつあるといってもいい。核家族化が進んだ今、家で介護を受ける高齢者の六割は、配偶者などパートナーによる「老老介護」だ。老老介護とは、六十五歳以上のパートナー間で行われている介護のことであり、最近は七十五歳以上の「超老老介護」の時代に突入しているばかりか、認知症を患ったパートナー間で行われる「認認介護」という言葉まで生まれている。

こうした介護はできることに限界があり、ずいぶん前から打開策が議論され、様々な解決案が示されてきた。ロボットやＩＣＴ（情報通信技術）の利活用や、海外からの介護人材の導入といったことだ。だが、利用者は必ずしもそうした付け焼刃的な対処を求めているわけではないし、根本的な解決にはなっていない。

そうした中で、全国に浸透しつつあるのが先述の富山型デイサービスなのである。その特徴を挙げれば次の三つになる。

1、多機能：子供からお年寄りまで、障害や病気の種別にかかわらず誰でも受け入れる。
2、小規模：住宅をベースに一五人前後の利用者で家庭的な空気を大切にする。
3、地域密着：主に近隣の住民が利用し、地域との交流も行われる。

まず1についてだが、富山型デイサービスでは、利用者を限定せずあらゆる人を受け入れるのが決まりだ。日本の一般的なデイサービスは、管理のしやすさなどから、高齢者なら高齢者、障害者なら障害者と、利用者を福祉における属性ごとに分ける傾向にある。だが、富山型デイサービスでは、その垣根を取っ払って、障害児や高齢者、あるいは一般の人まで誰でも受け入れているのである。

2については、デイサービスを行う場所は、民家をはじめとした小規模で家庭的な雰囲気を持つ建物にするということだ。デイサービスの中には、利益を出すために大規模化して大量の利用者を呼び込もうとするところもある。しかし、富山型デイサービスでは、一軒家などこじんまりとした空間で、数人のスタッフが家族のような関係で利用者とかかわることを理想としているのだ。

最後の3は、富山型デイサービスは地域密着型のサービスを提供し、近隣住民との関係性の中で成り立つということだ。利用者の多くが近所に家があり、そこから通ってくるので、お互いのことを十分に知っているだけでなく、他の地元住民とのつながりも強い。そのため、ここでの出来事や関係性が地域へと広がりやすい。

富山型デイサービスとは、1〜3の特徴を兼ね備えたもので、一言で表せば、誰もが利用できる地域を巻き込んだ家庭的なデイサービスといえるだろう。では、そもそもこれはどのようにして生まれたのだろうか。誕生の経緯について見ていきたい。

あらゆる人が共に過ごせる空間

一九九三年、冒頭で紹介した「このゆびとーまれ」が開設されたことが、富山型デイサービスのはじまりだった。

創設メンバーの一人の惣万佳代子《そうまんかよこ》氏（71歳）は、富山市内にある富山赤十字病院に勤務する看護師だった。二〇年ほどの看護師生活で高齢の患者と接する中で、「最期は家で家族と共に過ごしたい」と願いを訴えながら、無念にも病院のベッドで亡くなっていった人々の姿をたくさん見てきた。その中の一人がこう嘆いたこともあった。

「俺は何度も何度も、（自宅の）畳の上で死にたいと言うとるがに、どうして死なれんがけ？」

惣万氏はそんな患者を見る度に、これまで一生懸命に生きてきた人たちが、安らぎのある家で最期を迎えたいと願っているのに、なぜそれを叶えることができないのか、とやりきれなさを感じた。

だが、そのことを病院に対して言っても、まったく相手にされなかった。病院は患者の健康を守るには病室のベッドに留めておくべきだと考えていたし、家族は病院に任せることで介護負担を減らしたいと望んでいた。病院と家族の思いが優先され、本人の思いが通らない状況が生まれていたのだ。

惣万氏は、このまま病院で働いていても、本当の意味で患者の気持ちに寄り添うことはできないと考えるようになった。それならば、患者が自宅で最期を迎えられるように、自分たちでデイサービスを立ち上げてみてはどうだろうか。彼女は仲の良かった看護師二人に声をかけ、デイサービス事業をスタートさせることにした。それが、このゆびとーまれだった。

オープンの準備の時、惣万氏たちは、利用を申し込んでくるのは高齢者が大半だろうと考えていた。デイサービスとは、体の不自由な高齢者が通うものだというイメージがあったのだ。ところが、最初の問い合わせは、意外なことに三歳の障害児を持つ二十五歳の母親からだった。

その母親は次のように語った。

「私の住んでいる近所にはお年寄り向けのデイサービスはあるんですが、障害児向けのものがないのです。そのせいでずっと付きっきりでいなければならず、この子が生まれてから一度も美容院へ行ったことがありません。うちの子を通わせていただけないでしょうか」

その頃、デイサービスは高齢者向けのところが大半で、障害者向けは少なかった。そのせいで、母親は誰にも頼ることができないまま、三年間休む間もなく介護を強いられていたのである。

この一件によって、惣万氏たちはデイサービスを求めているのは高齢者だけでなく、障害児など様々な人がいることを知った。それならば、これからはじめる事業にしても、幅広く利用者を受け入れていかなければならないだろう。そう意識を変え、誰もが利用できるデイサービス事業を展開したのだ。

惣万氏たちがこのようにできたのは、看護師だった経験が大きい。介護の世界には、高齢者なら高齢者だけ、障害児なら障害児だけといったように利用者を限定する傾向がある。良くも悪くも専門意識が強いのだ。だが、惣万氏たち看護師には、それがない。総合病院に勤めていれば複数の科を回るし、同じ病棟に若者から高齢者まで入院している。それゆえ、惣万氏たちは介護を必要とするあらゆる人と向き合えたし、雑多なコミュニティーが良い効果を生むイメージを持っていた。

このゆびとーまれの事業をはじめて間もなく、惣万氏たちは多様な利用者を受け入れることの有効性を目の当たりにする。

たとえば、高齢者だけの施設であれば、仲の良い者同士で集まって毎回同じような世間話をするだけだ。だが、そこに障害のある子供がいれば、高齢者たちはその子のことを話題にしたり、食事の時に余りものをあげたり、手を貸したりするようになる。障害のある子供の方も、暇な時は高齢者のもとへ行って「遊ぼう」と誘う。そうした交流が生まれ、お互いの刺激になるのだ。

また、高齢者と障害のある子供が仲良くなってお互いに助け合えば、介護職員の負担は大幅に軽減される。そしてその分の時間を別のこと、たとえばイベント開催の準備や、地域の人の呼び込みに充《あ》てることができる。

とはいえ、当時としては画期的な取り組みだったがゆえに、経営の面では苦労も多かった。苦しかったのは、補助金をもらえないことだった。

もともと福祉事業は単体で利益を出すことが難しいので、行政からの補助金によって経営が成り立っている側面がある。だが、この頃の制度では、利用者の年齢や障害の種別を限定しなければ、事業者は補助金を受給することができなかった。

惣万氏たちは自分たちの理想を取るか、補助金を取るかで悩んだが、最終的には前者を選択した。本当に良いサービスをすれば、利用者はそれなりのお金を出してでも来たいと思ってくれるはずだ。そう思って、初心を貫いたのである。

数年もしないうちに、このゆびとーまれの活動が素晴らしいという評判が広がり、大勢の利用者が口伝えで集まってきた。後にこのゆびとーまれの影響を受けた人物に宮袋《みやぶくろ》季《とし》美《み》氏（60歳）がいる。彼女自身、重度の自閉スペクトラム症の息子を持つ母親だ。

宮袋氏はこうふり返る。

「あの頃は、障害者の入所施設はあっても通所はほとんどありませんでした。ようやく見つけて行っても、施設は汚らしく、職員もやる気がないところばかりで、こんなところには息子を預けられないと思うほどだった。そんな中で、惣万さんのこのゆびとーまれはまったく別物でした。年齢も障害も違う人たちが大勢集まって、お互いを支えて楽しそうに過ごしている。それを見て、私もこんな施設を作れたらいいなと思うようになったのです」

後に宮袋氏はこの思いを実現しようと、富山型デイサービス「ふらっと」を開設した。そして彼女だけでなく、そのように感じた人たちが次々とこのゆびとーまれをモデルにデイサービス事業をはじめるようになったのである。

地方から全国へ

富山県はこうした動向を目の当たりにして、このゆびとーまれの存在を無視できなくなった。利用者だけでなく、事業者までもが惣万氏たちの取り組みに価値を見いだし、模倣しはじめたからだ。

一九九八年、ついに富山県は「富山県民間デイサービス育成事業」の拡充に踏みだした。縦割りの制度を撤廃し、一つのデイサービスに高齢者と障害者の利用者が一日あたり一〇人以上いる場合は、年間三六〇万円の補助金を出すという新たな制度を作ったのだ。このゆびとーまれのような多機能型のサービスを全面的に推奨する決定だった。

行政のお墨付きを得たことで、このゆびとーまれが行ってきたサービスは、「富山型デイサービス」と呼ばれるようになった。県内に留まらず、県外からの視察も相次いだ。さらに富山型デイサービスを展開している事業者が集まり、「富山県民間デイサービス連絡協議会」が結成された。初代会長には惣万氏が就いた。

その後、富山県は紆余曲折ありつつも富山型デイサービスを一貫して支持しつづけた。二〇〇二年には県が「富山型デイサービス起業家育成講座」を開始して同様の事業者を増やすための後押しをし、二〇〇三年には「富山型デイサービス推進特区」を設けて指定通所介護事業所が知的障害児（者）を受け入れることを可能にした。そして二〇一七年には、富山型デイサービスをモデルとした共生型サービスが創設され、二〇一八年から全国的に展開されることになった。

こう見ていくと、このゆびとーまれをきっかけにして、二十数年の歳月をかけて富山型デイサービスが広がっていったことがわかるだろう。では現在、行政はこのサービスをどのように見ているのか。私は富山県庁へ赴き、担当者に話を聞くことにした。

県庁で富山型デイサービスの推進を支援しているのは、厚生企画課だ。主幹の中村真由美《なかむらまゆみ》氏は次のように語る。

「富山型デイサービスは、全国的には『共生型サービス』と呼ばれています。二〇一八年の介護報酬改定で、この共生型サービスが本格的に全国展開されることになりました。県は富山発のサービスなのでいろんなノウハウを持っています。それを少しでも他県に伝え、活用していただければと思っています」

県はこの事業の予算として二一八六万円を充てている。事業は主に六つに分けられ、次のような取り組みを行っている。

1、富山型デイサービス施設整備事業
施設を新築する際に助成を行う。補助率は、県と市町村と事業者が三分の一ずつ負担する。

2、富山型デイサービス住宅活用施設整備事業
民家を改修する場合の助成。住宅改築費、機能向上費などで同じく三分の一ずつの負担。

3、福祉車両設置推進事業
施設で使用する福祉車両の購入に対する助成。補助基本額は五〇万円。

4、富山型デイサービス起業家育成講座
富山型デイサービスの起業家を育成するための研修。

5、富山型デイサービス職員研修会
すでに富山型デイサービスで働く職員に対して行う総合的な研修。サービスの質の向上が目的。

6、地域福祉フォーラム開催事業費補助
富山型デイサービスの理念を普及させるためのフォーラム開催に対して助成。隔年実施で全国版と県内版を交互に行う。

このように見ていくと、富山県が県内向けとして富山型デイサービスの定着支援を行い、県外向けとしては全国展開に尽力していることがわかるだろう。社会福祉協議会、市町村、それに各種事業者との協力関係も堅固だ。

中村氏はつづける。

「現在、全国で三一一六の施設が共生型サービスを導入しています。県内外の事例として、導入する際は、新規の事業者がゼロから共生型サービスをスタートさせるより、これまで高齢者なら高齢者だけ、障害者なら障害者だけの指定を受けていた事業者が、サービスの対象者を広げるために共生型に切り替えることの方が多いように感じます。ですので、まるっきりの素人がいきなりはじめるということはあまりありません」

育成講座や研修会には、毎回参加者に教える基本的な項目がある。制度をどのように利用するべきなのか、病院とどのような協力体制を取るべきなのか、施設を建てる際に何に注意を払うべきなのかといったことだ。ただし、富山型デイサービスの枠組みをつくることと、実際にそこで多様な人たちに交流を促して良い関係性を築くことは同じではない。後者には座学だけでは学べない、経験に基づいたスキルが必要になってくる。

中村氏は言う。

「富山型デイサービスは、いろんな人たちが集まって自然な空気をつくるという点で画期的です。それを実現するためには、施設の責任者がどのような関係性が理想かというイメージを持ち、上手に人と人とを結びつけていかなければなりません。ハコとマニュアルを用意すれば完成するようなものではないのです。だからこそ、県がそういうことも含めて伝えていければと思います」

実際に障害のある子供から認知症や身体障害《しんたいしょうがい》の高齢者までを一カ所に集め、上手にかかわらせていくのは簡単なことではないだろう。職員の育成も含め、高いマネージメント力が必要になる。

富山型デイサービスの理想を実現している人たちは、どのようにその能力をつけて、どのような取り組みをしているのか。現場に足を運んで、それについて聞いてみることにした。

挫折を経て見つけたもの

富山駅から車で一〇分ほどの住宅地に、「デイケアハウスにぎやか」はある。住宅街にある二階建てロッジのような建物だ。杉で作られた建物は吹き抜けになっていて、木製のテーブルや椅子や織機、それにたくさんの手作りの家具は温かみに溢れている。

私が訪れたのは朝の十時前だったが、すでにお年寄りや障害者が一〇人ほど集まっていた。メインのスペースには暖炉があり、中では橙《だいだい》色の炎がやわらかくゆらめいている。利用者の半分くらいが炎の周りに集まって、楽しそうにおしゃべりをしている。

そんな人たちの中でハスキーな声を上げている女性がいた。理事長の阪井由佳子《さかいゆかこ》氏（54歳）だ。彼女はいくつかのグループを回りながら、一人ひとりに笑顔で声をかける。

「今日は取材の人が東京からやってきてるよ。東京だって！　色男ばかりだねー。みんな今日は我先にと喜んでお風呂に入りに行くんじゃない？」

杖《つえ》を突いている女性や、ベッドに横になっている女性はそれを聞くと、「今日はナンパの日だね」とか「シャンプーしてもらって女らしい匂いを漂わせよう」などと言って大笑いする。すると、男性陣が「手遅れ、手遅れ」と茶々を入れる。まるで高校の休み時間のようなノリだ。

利用者たちはきょうだいや親戚のような気さくな間柄だ。お年寄りがトイレへ行こうとすれば、軽度の知的障害の人が黙って手を貸すし、職員が「ちょっと暑いね」といえば、高齢者が窓を開ける。

阪井氏はざっくばらんな口調で言う。

「ここに来ると、誰がスタッフで誰が利用者なのか区別がつかないでしょ。これが富山型ってヤツなんですよ」

今でこそにぎやかは富山型デイサービスの理想形と言われているが、ここに至るまでには相当の挫折があったという。

阪井氏がにぎやかを開設したのは、一九九七年のことだった。母子家庭で育った彼女は、愛知医療学院を卒業してから老人保健施設で理学療法士として働いていた。

その後、自分の子供をこのゆびとーまれに預けたことで、富山型デイサービスの存在を知る。感銘を受けた彼女は同じようなサービスをしたいと考え、自宅を利用してにぎやかをオープン。つづいてショートステイ事業、リサイクル事業、認知症デイサービス事業などもスタートさせ、二十年余りにわたって惣万佳代子氏らと共に富山型デイサービスの普及に尽力してきた。

だが、阪井氏は必ずしも自分が理想の形を実現できてきたと思っていないし、理想を広められたとも思っていない。現実的には、挫折体験の方が多かった。

彼女は次のように語る。

「富山型の理想は、働く人と利用する人が二極化しないことなんです。みんなが家族のようにかかわり、支え合いながら過ごせなければ成立しない。でも、二〇〇〇年に介護保険制度が導入されたことで、富山型を実現することが難しくなった。経営的には楽になったんですが、介護保険における報酬をもらうためにできるだけ多くの利用者さんを集め、『介護者』として接しなければならなくなったのです。これじゃ、なんのための富山型なんだっていう気持ちがだんだん大きくなっていきました」

介護保険制度は、利用者が抱える問題に応じて一人当たりいくらという形で報酬が出る。そのため、経営を安定させるには、それに合った数多くの利用者を集め、定められたサービスを行わなければならない。そのことが、にぎやかのサービスを大きく変えてしまったのだ。

もう一つ、阪井氏の気持ちを複雑にしていたことがある。県の内外に増えていた富山型デイサービスの新規事業者の動向だ。彼女は多忙な合間を縫って講演会や研修会の講師を務めて普及に力を入れていたが、新規事業者の中には富山型デイサービスとは名ばかりで、現実的には一般的なデイサービスと変わらないようなところが少なくなかった。

これは事業者だけが悪いわけではない。地方の過疎地などでは、子供がいないため、富山型デイサービスを立ち上げても、高齢者しか集まらないことがある。そうなれば、一般的なデイサービスと何ら変わらなくなってしまうのだ。

一体自分は何をやっているのか。自分は正しい道を歩んできたのか。阪井氏の中にそんな思いが募り、にぎやかが二〇周年を迎えた時に力尽きるように休業を決断した。これが大きな転機となる。

事業停止に伴って、にぎやかの利用者を別の施設に移行させていたところ、一人の若い女性が阪井氏のもとを訪ねてきた。ここを十年以上利用してきた精神障害の女性だった。彼女はにぎやかに通っていた頃に、発達障害の男性と恋仲になって結婚した。彼女はその男性との間に子供ができ、その報告に来たのである。

阪井氏は彼女を娘のようにかわいがっていたが、妊娠については素直に喜ぶことができなかった。女性は精神障害のせいでずっと前から摂食障害や自殺未遂をくり返しており、実家との関係も疎遠だった。そんな彼女が発達障害の夫と共に子育てをするのは難しい。

散々悩んだ末に、阪井氏はにぎやかを再開して、二人の間に生まれた赤ん坊を見ることにした。そしてわずか四カ月で事業をもう一度はじめることにしたのである。

阪井氏は言う。

「にぎやかを再開するに当たって変えたことが二つありました。一つは週七日の営業を週五日にしたことです。それまで毎日営業していたのですが、そのことが逆に利用者さんの世界を狭めていました。だから、週のうち最低でも二日はうち以外のところで過ごし、人間関係や生活空間を広げてもらおうとしたのです。

もう一つは地域に開かれた食堂の開設です。施設の中で『にぎやか食堂』をオープンさせて、利用者さんだけでなく、地元の人が自由に来られるようにしたところ、いろんな人がやってくるようになったのです。彼らの中にはデイサービスを手伝ってくれたり、差し入れを持ってきてくれたりするような人も出てきました」

にぎやか食堂は、デイサービスの利用者がいるのと同じ建物で開かれている。昼の部と夜の部に分けており、ランチは八〇〇円、ディナーは一〇〇〇円の定食で、夜はアルコールまで提供している。

近隣にレストランがないことから、食事時になると地元の人たちが絶え間なくやってくる。彼らは同じテーブルで利用者や職員と食事をしているうちに溶け込み、利用者の話し相手になったり、ちょっとした介護の手伝いをしたりするようになる。占いが得意な客が、利用者への占いイベントをはじめることもあった。

そうこうするうちに、今度は地元の不登校の子供がにぎやかに出入りするようになった。教室には息苦しさを感じて入れないが、いろんな大人たちが自由に楽しんでいる食堂なら来やすいという。同世代の目を気にする必要がないのだろう。不登校の子は一人またひとりと増えていった。

阪井氏はつづける。

「食堂をはじめたことで、ここに来る人の幅が広がりました。当たり前なんですが、誰でも『デイサービスに行け』と言われて行こうという気にはならないんですよ。家族の勧めで仕方なく行っても、なかなか積極的に他の利用者さんとかかわろうという気持ちにはなれない。

でも、食堂だと違いますよね。お腹を満たすために自らの意思でやってきますし、そこで利用者さんと仲良くなれば会話を楽しんだり、自らお手伝いをしたりするようになる。そのうち自分の役割や居場所みたいなものができていく。にぎやかにそういう光景が当たり前のように広がったことで、ようやく富山型デイサービスの理想を実現できたと感じました」

たしかに、にぎやかは食堂が軸になっているという印象がある。昼食時が近づくと、メインのスペースには、料理の準備をする良い香りが食堂から漂ってくる。利用者は胃袋が刺激されるのか、「今日はステーキが食べたい」とか、「ビールが飲みたい」と言いだす。食の話になると、おとなしい人も饒舌《じょうぜつ》になる。そんな中では、利用者同士の冗談も飛び交う。誰かが「今さっきも食べてたでしょ。あんたボケが進んでるんじゃない？」とからかえば、別の人が「ボケで十分。ボケてビール飲んで死ねたら幸せだわ」とやり返す。このフランクな物言いが、周りの笑いを誘い、空気を和ませる。

阪井氏は話す。

「ここではみんなが仲が良いし、忖度《そんたく》することもないので、お年寄りの毒舌が飛び交うこともしょっちゅうです。大切なのは、きつい言い方を禁止するのではなく、みんなで笑って丸く収められる雰囲気でつつみ込むことだと思っています。もし『ボケが進んでいる』と言われても、みんなで『ボケで十分』と笑い飛ばすことができればいいんです。共生を成立させるには、そういう空間を用意することが欠かせないのではないでしょうか」

たしかに施設が正論を理由にして誰かを排除すれば、共生は成り立たなくなってしまう。たとえば、高齢者が食事をしている最中に、知的障害児がうたいながら歩き回っていたとしよう。この時、高齢者が「うるさいわね」と文句を言い、慌てた職員が知的障害児を別の部屋へ連れていけば、共生ではなくなる。

しかし、高齢者が「うるさい」と言った時、スタッフが笑いながら「子供なんだからうるさくて当たり前だよねー」と知的障害児をかばったらどうだろうか。あるいは、別の利用者が

「あんたほどうるさくないわよ」とからかって周りを笑わせたらどうか。共生は成立する。

利用者や職員がこうしたことをするには、普段から施設のみんなが何でも言い合える関係性をつくらなければならない。簡単なことではないが、阪井氏によれば、それを実現する際に必要なのが地域性だという。

富山型デイサービスの特徴の一つが地域密着にあることはすでに述べた。利用者たちが同じ地域の住民であれば、お互いのことを知っているので寛容になれるし、表現の仕方や落としどころがわかる。それが人間関係を緩やかなものにするのだ。

阪井氏は言う。

「この前にうちを見に来た方が、『ここは何をしても認めてくれるような空気がありますね』と言っていました。実際に、今のにぎやかには、誰かがとんでもないことを言っても、それはそれとして受け止める雰囲気がありますね。

そういえば、うちのスタッフに元受刑者がいたことがあるんですよ。彼は今までどの職場に行っても、前科者であることを隠さなければならなくて、バレれば色眼鏡で見られたそうです。でも、うちに来て初めてそうじゃない世界があることを知ったと言っていました。利用者さんはどんなことでも受け入れてくれるので、前科があると言っても受け流してもらえるって。こんな気持ちが楽な職場は他にないって話していました。

きっとうちに来ている不登校の子たちもそうなのでしょう。彼らは、家や学校では自分が同級生にいじめられているとか、勉強が苦手だとか言いたくないですよね。でも、うちならば、それを簡単に口に出せる。だから堂々と『学校へは行きたくないけど、ここは楽しいから来たい』って利用しに来るんです」

阪井氏は利用者の一生を背負う覚悟を持っている。それを示すのが、二〇〇七年に開設した認知症デイサービス「かっぱ庵」だ。デイサービスを利用できなくなった認知症の人たちを引き取り、終の棲家として文字通り最期まで世話をしているのだ。こうした阪井氏の筋の通った取り組みが、利用者や職員の施設に対する安心感を支えているのだろう。

高齢者福祉の理想のあり方

富山型デイサービスは、今後どのような方向に向かっていくのか。

このゆびとーまれの惣万佳代子氏に尋ねてみた。惣万氏は約三十年にわたる自らの歩みと、日本の将来を見据えて、次のように語った。

「国が二〇一八年に共生型サービスを法で認めてくれたことで、さらなる全国的な普及が期待されると思います。共生型が利用者にとって有意義であることの他に、過疎化した地方では経営を維持するのに使えるというメリットがあります。地方は人口減が激しいので、利用者を限定すると、施設の経営が成り立ちにくい。だからこそ、いろんな利用者を招き入れれば、その分だけ経営が回りやすくなるのです」

たとえば、高齢者率が高い町では、子供の数が少ないので、障害児向けの放課後等デイサービスが単独では成り立たないことがある。そのような時は、富山型デイサービスに切り替えて高齢者など多様な人を受け入れれば、その分だけ経営は安定することになる。

「ただし、経営のためだけに共生型をやるのは反対です。きちんとしたサービスが伴わなければ、多様な人を受け入れるということが逆に混乱を招いたり、負担を大きくしたりすることになってしまいます。それでは、施設の運営がうまくいかなくなる」

たしかに富山型デイサービスはもろ刃の剣だ。きちんと回っているうちは全員でやるべきことを分担できるが、そうでなければ衝突が起きたり、一人に大きな負担がかかったりしてしまう。惣万氏が懸念しているのは、利益を求めるだけでは、そうしたことが起きかねないということだ。

また、今回の取材でよく見かけたのは、富山型デイサービスの施設を訪れる不登校やひきこもりの人たちだ。にぎやかの阪井氏だけでなく、他の施設の運営者たちも口をそろえて「不登校やひきこもりの子たちが楽しそうに自分から通ってきている」と語っていた。それについてはどう思うのか。

惣万氏は答える。

「不登校やひきこもりの人はかなり多くなっているので、彼らの居場所の選択肢の一つになる可能性はあると思います。ただ、不登校やひきこもりは介護保険の対象外なので、施設の側はどれだけ受け入れてもボランティアなのです。そうなると、施設によっては負担になることもある。そこをどうクリアするかは今後の課題でしょう」

デイサービスは厚生労働省の管轄であり、不登校は文部科学省の管轄だ。デイサービスに不登校の子供が来るからと言って、厚生労働省が垣根を越えて支援制度を作るのは簡単なことではないだろう。

惣万氏は富山型デイサービスが今の形のまま発展していけるとは思ってはいない。むしろ、将来的には民間がこの形を維持していくのは難しいと考えている。彼女は次のように語る。

「今はうちのような民間事業者が主にやっていますが、これから人口が減ったり、国の財源が弱まったりすれば、民間が今のようなサービスを提供しつづけるのは不可能でしょう。そういう時代になったら、各所にある公民館などが公共事業として富山型をやるべきではないかというのが私の持論です。公民館なら本当の意味で地域に根差していますし、多様な人を受け入れる土台もあります。税金で成り立っているので経済基盤も固い。何でもかんでも民間というのではなく、少しずつそういうことを考えていってもいいかもしれません」

富山型デイサービスが全国に広がる中、最近は台湾にも広げていこうという動きがあるそうだ。日本と同じような問題に直面しているところは、国外にもあるのだろう。

そういう意味では、マニュアル化が難しい世界ではあるが、惣万氏のような先駆者の経験をいかに社会に還元していくかが重要なポイントとなることは間違いない。

日本全国で過疎化と高齢化が進む中、富山型デイサービスは一つの高齢者福祉の理想のあり方をたしかに示しているのだから。

（二〇二二年取材）

村はなぜ、女性長寿日本一なのか——寿命

人生百年時代をいかに生きるか

沖縄県那覇市の中心地から四五分ほど車を走らせたところに、日本でもっとも女性の寿命が長い村がある。北中城村《きたなかぐすくそん》だ。

村の女性の平均寿命は、八十九・〇歳（全国の女性の平均八十七・四五歳）。日本では、二〇〇〇年から五年ごとに市区町村別の平均寿命の統計を出しているが、初年度が全国二位だった以外、二〇〇五年から現在に至るまで一七年間にわたって長らく一位の座を守りつづけてきた。

北中城村は、かつてはサトウキビ農家などが集まる農村だった。だが、第一次産業が衰退した今、畑だった場所には集合住宅や新築の家が建ち並び、地の利の良さから那覇市や沖縄市のベッドタウンとなっている。

どこにでもありそうな地方の村が、なぜ女性長寿日本一を維持できているのか。

人生百年時代をいかに生きるかが問われている今、現地に赴いてその謎を追ってみた。

北中城村の中心にある丘には、ツワブキの黄色い花に囲まれた世界遺産の中城城跡がある。この頂に立つと、東側に太平洋、西側に東シナ海を見渡すことができる。青く透き通った海から吹きつける潮風は十二月の冬の季節でも暖かく、やわらかい。

村の面積は一一・五四平方キロメートル。東京なら、千代田区《ちよだ》と同じくらいの広さだ。人口は一万七八八八人。村の産業は米軍のキャンプでの仕事や、干潟でのアーサ（海藻）の養殖など限られており、流れる時間は非常にゆっくりとしている。

村の特徴はいろんなところに原色の花が咲き乱れていることだ。ほとんどの民家が広い庭を持っており、ブーゲンビリア、ヒマワリ、胡蝶蘭《こちょうらん》などが色鮮やかな花をつけている。家庭菜園も盛んで、一般的な野菜だけでなく、ゴーヤ、島カボチャ、島らっきょうなど沖縄特有の野菜もよく育てられている。

役場を訪れて最初に話を聞いたのは、村長の比嘉孝則《ひがたかのり》氏（67歳）だ。村役場の元職員で福祉課長を務めるなどした経歴がある。

「これまでいろんな学者やお医者さんが北中城村の長寿の秘訣を調べてきました。一般的に言われているのは、村にあるいくつかの要素が合わさって長寿が実現できているということです。私がそれを支える精神的な要素として挙げたいのが、村の人たちの中にある〝ゆいまーる精神〟です。お互いに助け合うとか、団結するといった意味で使われる沖縄の言葉です。

その昔、村にはサトウキビを栽培している農家がたくさんあったんです。サトウキビは年に四回も収穫の時期があるのですが、一家族だけでは人手が足りない。それで収穫の時は、近隣の人たちが力を合わせてお互いの畑の収穫をするのが習慣になっていました。こうしたこともあって、住民同士の絆が強く、助け合うのが当たり前という考えが根付いているのです」

日本各地にも「絆」など似たような言葉はあるが、北中城村では農家における伝統的な人間関係から引き継がれたという点で、他所と比べて堅固なものになっているのかもしれない。

比嘉氏はつづける。

「北中城村で特に〝ゆいまーる精神〟が広まった背景には、歴史的、地理的に村に命を大切にしようとする考えが根付いていることもあると思っています。今のお年寄りの多くが悲惨な沖縄戦の生き残りである上に、この村には伝統的に学校の教員が多く暮らしていて教育や啓発を大切にする空気がありました。だから、学校でも家庭でも、頻繁に命について考える機会があったのです。それが隣人への思いやりだとか、助け合いだとか、平等な付き合いといったものを生み出し、人々の生活を心身両面から支えていたといえるでしょう」

北中城村の幸福度は五二・八％であり、全国平均の四四・六三％と比べるとかなりの高水準である。命を尊ぶというのは、自分のことだけでなく、地域の人間関係を良くしていくことにつながる。それが住民の安心感や満足感を高めているのかもしれない。

比嘉氏は言う。

「村の人たちの人間関係の良さは至る所で見られます。ちょっと村を回っていただければ、公園でお年寄りが集まって談笑していたり、ゲートボールをしたりする光景に出くわすはずです。北中城村では、ふるさと創生事業の予算、米軍基地に関する交付金などで公園の整備にかなり力を入れてきたので、村の面積に占める公園など公共の空間の割合はかなり高い。国体をきっかけに沖縄県総合運動公園も造られました。こうしたところが、住民たちの憩いの場になっているのです」

これを聞いて思い出したのが、村の人たちが集いの場として利用している「カー（井泉《せいせん》）」だ。公共の井戸であり、戦前には村人たちの共同の水汲み場として使われてきた。ここで汲み上げられる水は、正月には「ワカミジ（若水）」と呼ばれるなど、崇拝の対象にもなっていた。

戦後に上水道が設置されたことで、カーは水汲み場の役割を終えたが、村人たちはそこに集まりつづけた。情報交換や談笑の場として大切にしていたのだ。行政もそれをわかっていたので、毎日通う人のためにカーの傍にベンチを設置したり、花壇を作ったりした。それが今なお残っているのである。

ちなみに、こうしたカーのような場で花壇の整備などをしているのは、地元のボランティアの人たちだ。村の大城《おおぐすく》地区には、中高年の会員で構成された「花咲爺会《はなさかじじい》（正式名称・大城花咲爺会）」というボランティア団体がある。毎月二回ほど集まっては、公園や空き地に花を植えて、美しい景観を維持しているのだ。メンバーの楽しみは、作業が終わった後に、公園でビールを持ち寄って宴会をすることだそうだ。

比嘉氏は語る。

「女性の長寿ということでいえば、うちの村では昔から婦人会の活動が活発でした。太平洋戦争が終わった時、大勢の女性たちが夫や家を失って、無一文でゼロから人生を再建しなければならなかった。特によその村から嫁いできた女性たちは、親戚や友人も少なかったので心細かったはずです。そうしたこともあって、女性たちの間で団結してがんばっていこうという機運が高まり、婦人会を中心にしていろんな活動が活発化していった。サロンなんかもかなりできて、今もそれが残っているのです」

きっと比嘉氏が挙げたことは、一本の線になっているのだろう。戦後、女性たちが生きていくために婦人会の団結と活動を活性化させた。それが伝統的な農家の協力関係やゆいまーる精神と結びつき、地域全体に広く浸透していった。それゆえ高齢者たちは孤立することなく、助け合いの中で幸福感を高め、長寿を実現しているのではないだろうか。

娯楽に生きる

北中城村の内陸の丘の途中に、北中城村社会福祉協議会の建物が建っている。コンクリート造りの二階建てで、その中の一室が北中城村老人クラブ連合会の事務所だ。村には地域ごとに老人会があり、ここはそこの中央組織に当たる。

役場の次に老人会を訪れたのは、高齢者自身がどんな思いでコミュニティーに加わり、何をしているのかを知るためだ。ここに長寿の秘訣となる何かがあるのではないかと思ったのだ。

事前に聞いたところでは、北中城村の老人会では、おおむね六十歳以上の村民に入会資格が与えられており、現在は知り合いの紹介で入会するケースが大半だという。二〇二一年時点で会員は一〇〇〇人強となっている。

会の活動は、ゲートボールやグランドゴルフといった運動大会、工芸や美術の作品展、歌や踊りを披露する芸能大会、さらに村の清掃活動をはじめとしたボランティア活動など多岐にわたる。老人会のメンバーは、自分の好きな活動に参加することで気晴らしや健康維持をしているそうだ。

インタビューに応じてくれたのは、老人クラブ連合会の会長である安里幸男《あさとさちお》氏（81歳）だ。彼は次のように語る。

「老人会の活動内容は、全国にある他の老人会とほとんど変わりません。ただ、うちは世代間交流に力を入れていて、高齢者にとって良い刺激になっているように思います。

村では餅つき、クリスマス会、民謡、料理教室などいくつものイベントが開かれています。子供会、青年会、婦人会、そして老人会が中心になってやっていくのですが、そこでは毎回すべての世代がかかわれるようにしているのです。たとえば、老人会の人が子供たちにやり方を教えたり、青年会の人が老人会の人を手助けしたり、婦人会の方々が差し入れをしたりする。このような交流は、高齢者が若々しさを保つのにとても役立ちます」

それ以外にも、老人会が地元の小学校へ行き、沖縄の方言の「島言葉」を教えたり、粘土でシーサーをつくる方法を伝えたりといった形での世代間交流も存在する。休日に、葉で虫かごを製作する教室を開催したこともある。

実際に、老人会だけでイベントを行っていれば、人間関係や活動はかなり狭められてしまう。だが、そこで世代間交流があれば、高齢者の知識が思わぬところで役に立ったり、若い人たちの新しい価値観を知ったりする。何より高齢者自身がまだまだがんばらなければと思えるようになるだろう。

安里氏は言う。

「老人会の活動がどれだけ長寿に影響を及ぼしているかはわかりませんが、私が思う長寿の秘訣は、あくせく働かずにのんびりとしている村の文化にあるように思います。仕事をしてお金を稼ぐことに必死になるより、自分の趣味を楽しんだり、家族との関係を大切にできたりすることを重視する空気があるんです。こうしたことがストレスを減らすとか、家族が支え合うといったことにつながっているのではないでしょうか」

村の人々のこうした考え方は、北中城村の恵まれた環境と無縁ではないだろう。

高齢者の多くは、親から土地を相続するなり、若い頃に購入するなりして、一軒家を所有している。村には高額な費用がかかるような遊び場はほとんどなく、物価も沖縄市や那覇市と比べれば安いので、定年まで会社勤めをして退職金と年金をもらえれば、老後も家賃やローンの返済のために身を削って大変なパート勤めをするなどといった必要があまりない。釣り、彫刻、民謡といった趣味を楽しみながら、温暖な気候の中で余生を過ごすことが比較的簡単なのだ。

それを示すのが、北中城村にシルバー人材センターが存在しないという事実だろう。多くの自治体はシルバー人材センターを設けて、高齢者に短期的な仕事を紹介する事業を行っているが、この村では高齢者が働く必然性がなかったり、多くの人がそれを望まなかったりするので、取材時の二〇二二年まで設けられてこなかった。

村の特徴をもう一つ挙げれば、家族と過ごす時間が他の地域と比べて長いことだ。村は那覇市や沖縄市のベッドタウンになっているので、子供たちが実家の傍に残っている率が高い。仮に那覇市や沖縄市へ移住しても、車で一時間もかからないので週末には気楽にもどってこられる。そのため、多くのお年寄りが、子供家族と頻繁に交流しているのだ。過疎で多くの高齢者が孤立しているのとは正反対の現象が起きているのである。

かくいう安里氏もそのような人生を歩んできた一人だ。一九四〇年に北中城村で生まれた彼は大学入学の際に本土に渡り、卒業後は大阪にある自動車会社に就職して家庭を築いた。

ただ、彼はずっと大阪でせわしく働くつもりはなく、四十五歳の時に会社を辞め、故郷の沖縄にもどって建設会社に転職した。沖縄で再会した同級生や仲良くなった人たちは、都会の人間とは違う生き方をしていた。定時に仕事を終え、残りの時間は工芸や舞踊など趣味に費やし、人生を謳歌《おうか》していたのだ。まさに安里氏が憧れた生き方だった。

安里氏は定年で会社を辞めると、残りの人生は好きなことをして生きていこうと決めた。まず沖縄伝統楽器の三線を習い、そこから詩吟、陶芸、絵画など次々と新しいことをしていった。中でもオカリナは演奏するだけでなく、趣味が高じて楽器の制作まで手掛けた。新しい活動を一つ増やすごとに、人間関係が広がったという。

安里氏の子供たちは成人になって独立したが、今でも頻繁に会っている。子供家族はみんな車で少しの時間で行けるところに住んでいて、孫を含めると全員で一一人になる。毎月のように誰かの誕生日会を全員で集まって祝っているし、盆や正月といった年中行事も欠かさず行っている。なんやかんや、月に一、二回は親族で集合してにぎやかに過ごしているらしい。

安里氏は語る。

「この村では家族の仲がいいのは普通なんですよ。うちの子供たちは、実家での集まりとは別に、きょうだいの家族同士でしょっちゅうバーベキューをしていますし、僕が孫たちを老人会のイベントに連れていって遊ばせることもあります。

私が知る限り、他のお年寄りから、息子と疎遠だとか、孫とのかかわり方がわからないといった話は聞くことはありません。村のお年寄りは、何十年も米軍基地で働いていた人が多いから、英語が堪能《たんのう》で海外旅行が趣味だったり、バーベキューやギター演奏が好きだったりする人が多い。そういうところでも若さを保てているのかもしれません」

祖父母と孫の間に共通のものがあることは大きい。祖父母が漬物や三味線しか好まなければ、孫たちはついていくことができないが、バーベキューやギター演奏をすると言えば、喜んでついてくるだろう。あまり注目されないが、家族の潤滑油になっていることは想像に難くない。

村による長寿支援

北中城村の役場を入ってすぐのところの掲示板には、「美寿きたなかぐすく」のお披露目会の写真が飾られている。

美寿きたなかぐすくとは、高齢者版「ミスコン」だ。毎年、イベントでは八十代以上の女性を三名選出し、村のPR大使となってもらう。選ばれた女性たちはその年の村の催事や公式行事に出席し、長寿村のアピール活動をする。

役場で住民たちの健康指導や介護予防を担っているのが、健康保険課と福祉課だ。ただし、担当職員は村を取り巻く現状を楽観的に考えていない。健康対策係保健師の比嘉愛子《ひがあいこ》氏はこう語る。

「沖縄は全体的に日本でも長寿の地域として知られてきましたが、ここ数年は男女共に寿命が短くなっています。うちの村でもＢＭＩの数値でメタボリックシンドロームの危険があるとされる人口が三八・七％と、全国平均の約三割強を大きく上回っています。このままいけば、どんどん寿命は短くなっていくと見られています」

近年、沖縄では若者たちの健康悪化が注目されているが、その要因は日常生活の変化にある。まず食文化の面では、戦後にアメリカ文化が入ってきたことで、伝統的な沖縄の食文化が衰退し、肉と油を大量に使った高カロリーの食べ物が主流になった。また、アルコールの摂取量も増えた。運動面では、車で移動してデスクワークをする人が増えたことによって、体を動かす機会が大幅に減った。こうしたことが、若者世代の肥満や生活習慣病を増加させたのである。

一方、現在、日本一の長寿を誇る北中城村の高齢者は、若者世代とは異なる人生を歩んできた。彼らが若い頃は村の農業が盛んだったこともあり、食事の中心は田畑で採れた野菜や、海産物だった。女性には飲酒の習慣がなかった。また、農業や漁業の仕事をしていれば、毎日の運動量はかなりのものになる。

もちろん、彼らもアメリカ文化の影響を受け、多くの環境の変化にさらされた。だが、すでに中年世代になっていた彼らの食生活や飲酒習慣はさほど大きく変わらなかったし、家庭菜園などで適度な運動量も保たれていた。こうしたことが、高齢者の寿命を延ばすことになったといわれている。

高齢者福祉係長で保健師の田里淳子《たさとじゅんこ》氏は言う。

「同じ村でも、若い世代の人たちが抱えている問題は、高齢者とは大きく違います。今の課題は、不摂生な若い世代の食生活や日常生活をいかに変えていくかということです。検診を受けた人に対する説明会、検査で引っかかった人への看護師による自宅訪問、妊娠届を出してもらった時から行う母親への食生活指導など、自治体の地道な活動によって、住民の健康意識を少しずつ改善することを目指しています」

村人の健康を守るために行っているのが、体験型栄養教育システム「食育ＳＡＴシステム」

だ。このシステムでは、まず役場が企業と組んで食品サンプルを作り、一つひとつカロリーを示しておく。村人は普段食べているもののサンプルを選んで、プレートに乗せていく。これだけで栄養価計算やバランスチェックがその場でできるので、食生活の指導に活かせる。

若者世代は、現在の高齢者とは違い、第三者が積極的に食事や生活の改善指導をしなければ、なかなかやろうとはしない。村の長寿を維持するためには、そうした公的な取り組みが欠かせなくなっているのである。

もう一つ役場で住民の健康に関する取り組みを行っているのが福祉課である。福祉課の課長を務める喜納啓二《きなけいじ》氏は保健師の資格も持っている。彼は次のように語る。

「北中城村は、要介護の認定率が低いのが特徴です。簡単にいえば、介護が必要な人が少ない。介護保険料は三ランクに区分されているのですが、二〇二一年度の統計だと北中城村はもっとも低いランクに位置していて、沖縄の中でも認定率が極めて低い自治体となっています。これは早い段階から村が取り組みを行ってきた影響だと思っています」

村として行ってきた取り組みは大きく二つある。

一つ目が、村が運営している老人デイサービスセンター「しおさい」の存在だ。介護認定を受ける前の比較的健康なお年寄りを集めて健康指導を行う施設である。

二つ目が、自主体操サークルの普及だ。村が後押しして研修会を行って指導員を養成し、各地域に根差した健康維持の活動を行ってもらうのだ。

この二つはどのように行われているのか。現場で活動している人たちに話を聞いてみることにした。

現場の取り組み

村の沿岸部にある美崎《みさき》地区の海は、沖縄料理で使用するアーサの養殖地として知られている。干潟には見渡す限り杭が立ち、長靴をはいた漁師たちがそこで収穫作業をしている。美しい海に面した白い建物の二階が、老人デイサービスセンター「しおさい」だ。かつて村には介護保険認定審査で通所介護対象から漏れた高齢者が一定数いた。そうした人たちの孤立を防ごうと、二〇〇三年に村が社協に委託した「生きがいデイサービス事業」がしおさいの運営だった。

しおさいの職員は五名で、一日の利用者の定員が二〇名。午前九時に利用者の送迎が行われ、午前中にマッサージやリハビリを行い、昼食と昼寝の時間を挟んで、午後二時から四時まで体操やゲームなどを行う。通常のデイサービスと活動内容はさほど違いはないが、利用料金は一日二〇〇円に加えて、食事代の五〇〇円の計七〇〇円と安い。

私がしおさいを訪れた時、施設内ではちょうど昼寝時間の後のリハビリ体操が行われていた。沖縄の明るい伝統音楽を流しながら、ストレッチや軽めの踊りなどを交えて体を解きほぐしていく。

これまで私はいくつものデイサービスセンターを訪れたことがあるが、利用者が他所より明るい表情をしているように感じた。体操が終わった途端に私を取り囲み、質問をしてきたり、しおさいのことを話したりしてくる。何より、みんなが潑剌《はつらつ》として楽しそうだった。

ここで働く社会福祉士・精神保健福祉士の棚原亮太《たなはらりようた》氏は話す。

「うちの施設の特徴は、要介護認定を受けていないお年寄りたちが利用なさっているという点です。利用者さんは健康を損なってから嫌々ここに来るのではなく、そうなる前に健康を維持するのを目的として通っている。だから、みなさん前向きですし、自分たちでできることをやってみようという意志に溢れているのです。遊びに来るような感覚なんです」

利用者の容姿が何よりそれを物語っていた。女性たちは身なりを整え、きれいにお化粧をしており、男性の方も整髪料で髪を整え、アイロンをかけた服を着こなしている。福祉施設に来ているというより、友達とショッピングセンターに行くようにここを利用しているのだ。

そのためなのか、彼らは施設内で行われるプログラムに積極的に取り組み、楽しもうとする。周りの人たちとのおしゃべりに花を咲かせ、食事やおやつの時間には舌鼓を打つ。職員との会話も活き活きとしている。公民館に集まって趣味を楽しんでいるのと変わらない空気なのだ。

棚原氏はつづける。

「利用者さんたちにとって、ここはデイというより、仲間のいるコミュニティーなのです。みんな、体が弱って要介護認定されてうちを利用できなくなると、一人だけ脱落したような感覚になります。だからここに来るために、普段から健康に気をつけるし、仮に転んで骨折して介護認定されても一生懸命にリハビリをして認定を外してもどってこようとする。しおさいの仲間たちといつまでも過ごすというのが、彼らにとって生きることとの目標や励みになっているのです」

原則的には一人週一回の利用なので、週の利用者は一〇〇名になる。そのほとんどが、家族からの勧めではなく、自らの意思でやってきた者たちだそうだ。

そんなこともあり、一〇〇名のうちで要介護になって利用者が入れ替わるのは、月に一回あるかどうか。長い人だと十年以上ここに通いつづけているという。

職員は、毎日高齢者と接していて、長寿の理由を何だと思っているのか。この質問に、棚原氏は答えた。

「僕も時々尋ねるんですよ。利用者さんが口をそろえるのは、『おいしい物を食べているからだよ』ってことです。みなさんグルメで、八十歳を超えていても、昼間からお腹いっぱい好物を食べています。

もう一つ利用者さんが言うのが、『笑って楽しむしかないさ』ってことです。嫌なことをいつまでも引きずるのではなく、何をするにも笑って楽しむ態度が大切だそうです。そして実際にみなさんそうやって生きているように思います。

これは沖縄人の特徴とも言えるかもしれませんね。けど、しおさいのような施設があるのは大きいと思いますよ。やっぱり、毎週行くことを楽しみにしている場所があれば、みなさんそれだけ健康には気を遣うし、生きる楽しみを得ることができる。しおさいの存在が、利用者さんの健康を引っ張っているような気がします」

しおさいが、高齢者の健康に対する意識を高めていることは事実だろう。

次に私が訪れたのは、村に多数あるサロンの一つ「サロンとみなが」だ。ここで言うサロンとは、高齢者のコミュニティーだ。村は住人たちが自らサロンを開設することを後押しており、そこで「スクエアステップ」という体操をすることを勧めている。

スクエアステップを一言で表せば、高齢者の要介護化を防止するために開発された体操だ。村は定期的にスクエアステップの研修会を開催し、指導員を養成したり、サロンの設立をサポートしたりしているのである。多くのサロンは、指導員の自宅で開催されており、徒歩圏内に暮らす人たちがやってくる。これが健康維持だけでなく、見守りにも役立っている。

今回訪れたサロンとみながの主催者は、富永みさ子氏だ。現在七十八歳。利用者は近所に暮らす八十代から九十代の九名の男女だ。

富永氏は話す。

「私は以前、村役場の職員だったんです。退職後は公民館のイベントを手伝ったり、民生委員をしたりしていました。その中でお年寄りから『行くところがない。どうすればいい？』と相談されることが多々ありました。それで七十五歳で民生委員を辞めた後、村のサポートを受けて今のサロンを立ち上げることにしたのです」

サロンで行われているのは、おおよそ次のようなプログラムだ。

1、九時過ぎから高齢者たちが自宅に集合
2、村歌斉唱
3、ラジオ体操
4、口の体操
5、お茶休憩
6、スクエアステップ
7、十一時過ぎに解散

スクエアステップは、専用のマットを用いた簡単な体操だ。マットには横四個、縦一〇個の正方形のマークがオセロの盤のように描かれている。利用者はマットの上に乗り、指導員の指示に従ってマークを踏むことでステップをする。決められた動作を定期的にやることで、足腰だけでなく、体全体の機能を向上させることができる。

富永氏は言う。

「サロンの利用者は四、五名を想定していたんですけど、いつしか倍の人数になっていました。みなさん体操が目的でやってくるというより、なんだか楽しそうな集まりだから参加しているといった感じです。一番の目的は、体操をするより人と会ってしゃべることだと思いますよ。だから、うちではお茶の時間をとても大事にしているんです。定期的に対面でおしゃべりをしてニコニコ笑う時間は誰にとっても必要ですからね」

足の不自由な男性の利用者がいる。彼は毎回杖を突いて自宅から何十分もかけて歩いてやってくるそうだ。ただし、体操はあまり好きではないので、おしゃべりの時間にだけ参加し、持参した温かいコーヒーを飲みながらひとしきり談笑し、満足そうに帰っていくという。会話を楽しむこともそうだが、そこで行われる小さな情報交換が、彼らと社会の接点を作ることもあるらしい。

週一度のサロンの日以外でも、富永氏は利用者たちと積極的に交流するようにしている。たとえば、二世帯住宅で子供家族とうまくいっていない人には、サロンのある日以外でも土日に家に招いてテレビを観るなどして一緒に過ごすし、生活に困窮している人には、自分が読んだ新聞を届ける。サロンの活動をきっかけに個別の支援をしているのだ。

富永氏の言葉である。

「サロンが果たす役割は、スクエアステップ体操による健康維持だけではありません。見守りによって孤立を予防することにもなっているんです。週一回のサロンを欠席する人がいれば、何かあったのかと事情を確かめます。それで困ったことがあったら、行政や医療に対応をお願いすることができる。そういうネットワークがあるかどうかは大きいと思います。

私は指導員の立場ですが、利用者さんを支えているとか、助けているといった意識はまったくありません。むしろ、私の方が利用者さんとつながることによって支えられていたり、多くを学ばせてもらったりしています。私にしてみれば、他人のためというより、自分のためにやっている側面がある。だから、つづけられているのだと思います」

富永氏の子供はすでに独立しており、夫も他界しているため、広い一軒家に一人で暮らしている。時には寂しさを感じたり、不安になったりすることもあるだろう。そんな時に、サロンの人脈が活きるのだ。

今回、私が北中城村に来てわかったのは、やはり人は無縁の状態では生きてはいけないということだ。この村では、人々が大勢の人たちと温かな関係性を持ち、心から楽しいと思えることを積極的に行っている。だからこそ、そうした時間を少しでも長くしたいと考え、自分のことだけでなく、他人や地域のことも大切にする。そうしたつながりが、人々の寿命、そして幸福を長く大きなものにしているのではないだろうか。

（二〇二二年取材）

・本書は、月刊『潮』二〇一八年九月号から二〇二〇年七月号まで二一回にわたって連載した「シルバー・アンダーグラウンド　置き去りにされる高齢者たち」、ならびに関連する記事をベースに加筆、改稿し、単行本化したものです。

・本書では一部敬称を略させていただいております。

・肩書、年齢、統計などは取材当時のものです。本人や施設が希望した場合は（仮名）として実名を伏せています。

・高齢者施設、刑務所、医療施設等の高齢者のプライバシーについては、施設と協議の上、事実関係を一部変えている箇所があります。

石井光太（いしい・こうた）

1977 年東京都生まれ。2005 年にアジア諸国の障害者や物乞いをルポした『物乞う仏陀』でデビュー。ノンフィクションを中心に、小説や児童書など幅広く執筆活動を行う。主な著書に『漂流児童』『遺体』『浮浪児 1945-』『「鬼畜」の家』『こどもホスピスの奇跡』『本当の貧困の話をしよう』『ルポ 誰が国語力を殺すのか』『ぼくたちは なぜ、学校へ行くのか。』『教育虐待』『世界と比べてわかる 日本の貧困のリアル』など多数。

無縁老人
――高齢者福祉の最前線

2024年２月20日　初版発行

著　者／石井光太
発行者／南 晋三
発行所／株式会社 潮出版社
〒102-8110
東京都千代田区一番町６　一番町 SQUARE
電　話／03-3230-0781（編集）
03-3230-0741（営業）
振替口座／00150-5-61090
印刷・製本／株式会社暁印刷

ISBN978-4-267-02419-1 C0095

www.usio.co.jp